47 POSITIVE HABITS that will make you feel GREAT every day

毎日ご機嫌な「わたし」をつくる47のポジティブ習慣

株式会社Sunny Tech代表取締役
中山晴菜

KADOKAWA

好きや得意を伸ばすと「わたし」は輝く

私は中山晴菜・三十四歳。新潟県出身。三人姉妹の長女
（二歳、四歳差の妹がふたり）。
子どもの頃から頑張り屋、何事にも全力投球だった私。
「長」がつくものは一通り経験した。
＼学級委員長／
＼学年委員長／
＼部長／
中高時代は、ブラスバンド部に熱中。楽器はトランペット担当。毎朝六時起きで朝練に向かい、土日も休みなし！

「これ」と決めたことに情熱を注ぎ込む性格は昔から。一方で、成績は学年で下から二番目……。
東京の大学に進んでからは友人との遊びに夢中！
バンド活動に、フェス参加……
けっこうはじけた！

就職活動は直感で
営業職に絞って職探し。
大企業は肌に合わないと
思いベンチャー系のＩＴ企
業で念願の営業職に内定！
採用通知
スパルタな方針だった
社会人一年目。
初めての営業、
テレアポなど
苦手なことも
がむしゃらに
頑張りました。
営業成績重視の
社風で
飲み会も多く
毎日終電で
帰宅する
全力投球の日々。

新人は一年間で
「資格を十個取る」
という目標もクリア。
合格
合格
合格
合格
三年目で、大阪支社の立ち上げ
を任されて、売上もアップ。
ついに念願の
リーダーにも
なれました!!

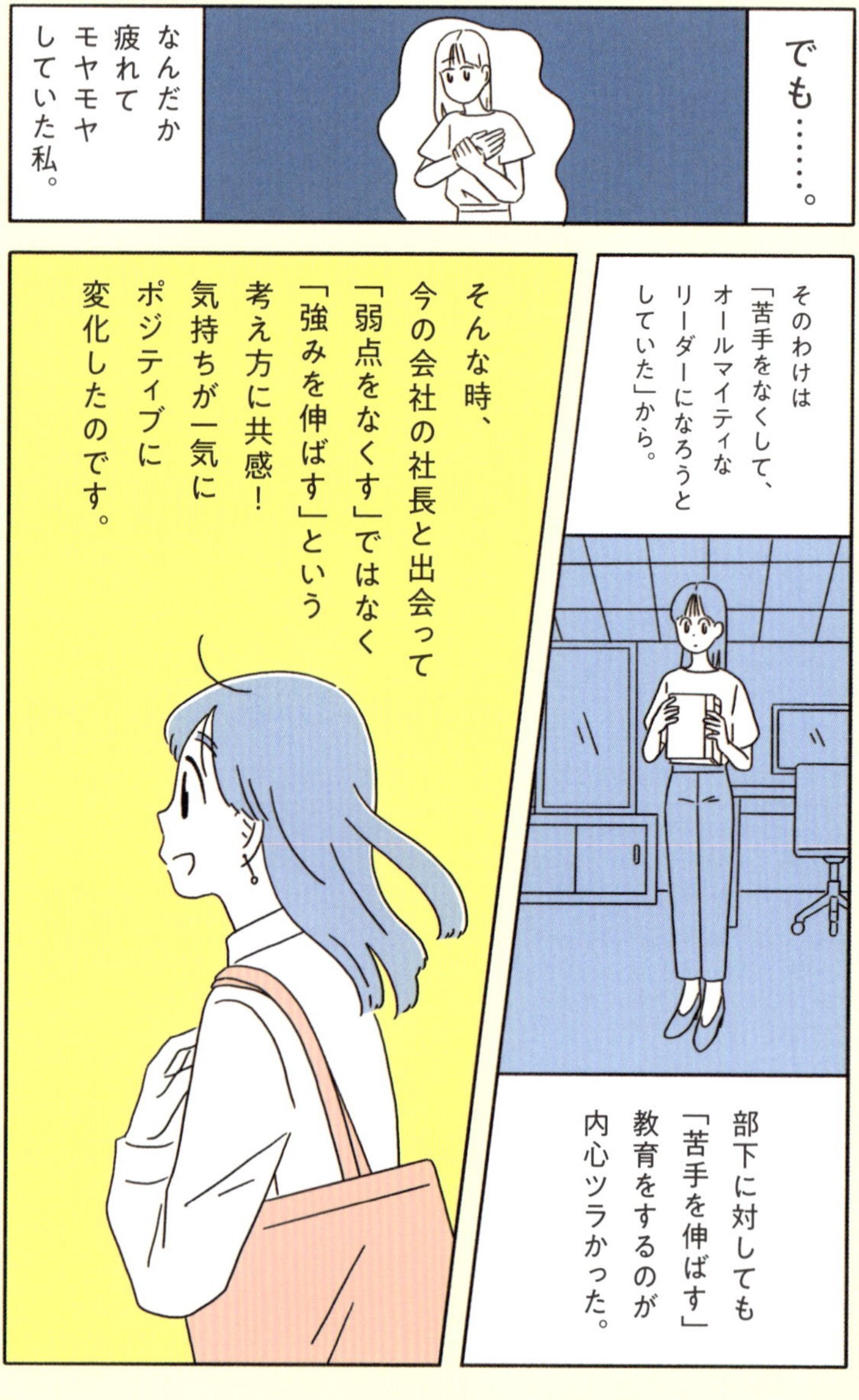

でも……。

なんだか疲れてモヤモヤしていた私。

そのわけは「苦手をなくして、オールマイティなリーダーになろうとしていた」から。

部下に対しても「苦手を伸ばす」教育をするのが内心ツラかった。

そんな時、今の会社の社長と出会って「弱点をなくす」ではなく「強みを伸ばす」という考え方に共感！気持ちが一気にポジティブに変化したのです。

新しい会社に転職して「自分にしかない武器を伸ばそう！」と決意。

転職
自分の「強み」を評価してくれたＩＴ企業に転職しました。

営業担当は当初、私一人だけ。ポジティブマインドを武器に成果を上げ、二〇二一年より取締役に昇進。

ここでなら私は輝ける！

その理由は、「強みを伸ばす」ことで苦手なことも乗り越えられるから。

二〇二三年にはIT企業勤務のかたわら、輝きたい女性を応援するための会社を設立。
現在はIT企業の取締役として多忙な日々を過ごしながら、YouTubeやVoicyなどのSNSも発信中。超多忙だけど、仕事もプライベートも楽しみ尽くす毎日です。
自分の強みを理解して活かすことで人はもっと輝ける！そのためのコツやヒントをお伝えすることで、皆さんの心が晴れることを願っています。

毎日を頑張る、日本中のすべての「わたし」へ

はじめまして、中山晴菜です。

「はるな」という名前でYouTubeやVoicyで活動しています。

この本を手に取っていただき、ありがとうございます。

日々YouTubeやVoicyで配信をしていると「晴菜さんのようになるにはどうしたらいいですか？」とご質問をいただくことがあります。

このように聞いていただけることはとてもありがたく、光栄に思います。

憧れの人の背中を追いかけることでモチベーションも上がるし、私も憧れの上司や先輩の真似をしてスキルを身につけてきました。

ただ、私は「誰かみたいになる必要はない。みんな、それぞれ自分だけの強みをピカピカに磨いて輝ける」という考え方を大切にしています。

自分じゃない誰かになろうとすると、どうしても疲れてしまう。

人と比べて「自分はまだ足りない」と感じたり、理想の自分を追い求めすぎてプレッシャーを感じたり。頑張れば頑張るほど、気付かないうちに自分を追い込んでしまうこともあります。そもそも、自分じゃない誰かになろうとすること自体、自分を否定してしまうことにつながるのではないでしょうか。

世の中には、「自分とは違う何かになること」を求める自己啓発があふれている気がします。「こうすれば成功する」「この方法が正解」といった言葉にプレッシャーを感じることもあるでしょう。でも、私はそんなふうに正解探しをして自分を見失いたくない。

人生に正解なんてないし、人それぞれのペースがあっていい、そう思うから。

何気ない日々の中で、少しずつ成長していければそれでいい。

「完璧じゃなくても大丈夫」「今の自分は素晴らしい」そう思えることが、何より大切なのではないかと思うのです。

もともとみんな、十分頑張っている。

でも、日々の忙しさやプレッシャーの中で、「自分は足りていない」「もっとやらなきゃ」と思ってしまうこともある。だからこそ、ちょっとだけ肩の力を抜いて、「今のままでも大丈夫なんだ」と感じられる時間が必要なのではないでしょうか。

この本では、私が実際に試してきた「ポジティブ習慣」を47個にまとめました。

これは、誰かに無理やり「こうすべき」と押しつけるものではなく、読んでくれた皆さんが「これならやってみようかな」と思えるものを見つけるための本です。

私は先生でも、誰かの上に立つ存在でもありません。

ちょっと元気が欲しい時につい相談したくなる友だちのような存在になれたらと思っています。

「友だちが頑張っているから、自分もちょっと頑張ってみようかな」そんな気持ちになれる、まるで友だちとごはんを食べながら情報交換しているような本になれれば嬉しいです。

さあ、一緒に「ご機嫌な『わたし』」をつくっていきましょう！

CONTENTS

好きや得意を伸ばすと「わたし」は輝く 2
毎日を頑張る、日本中のすべての「わたし」へ 9

CHAPTER 1

得意を見つめ毎日ハッピー！ポジティブマインドのつくり方

01 無理にポジティブになろうとしなくて大丈夫！ 18
02 感情を客観的に見つめ直してポジティブ変換 21
03 ポジティブマインドに欠かせない「自己分析」 24
04 自分が輝くための「強み」を見つけよう！ 28
05 「弱点」は「強み」で補える！ 32
06 「ポジティブスイッチ」は人それぞれ違ってOK！ 36
07 「強み」は他者のために使おう 40
08 落ち込みそうになった時こそチャンス！ 43
09 ポジティブになれる毎日の習慣！ 47
10 マンダラチャートでわくわくする目標設定を 50

あなたの「強み」は何？ 強み探し簡易診断 55

CHAPTER 2

心地よくフル回転！ 働く時間のポジティブ習慣

11 朝イチの「時間割」で目覚めスイッチをオン！ 60
12 二十五分間タイマーで「うだうだ時間」を減らす 64
13 スケジュールは詰め詰めにせずに余白を設ける 68
14 タスクの優先順位は二つの軸で考える 72
15 仕事では「代わりのいる存在」になろう！ 76
16 人間関係にも「得意」を活かすと心が軽くなる！ 80
17 苦手な人が苦手じゃなくなる二つのコツ 84
18 ネガティブな愚痴は改善につながるかを判断 87
19 「相手を変えたい」願望を完全に手放す！ 90
20 ポジティブ変換できる言葉のマジック 94

CHAPTER 3

21 「話す力」以上に「聞く力」を大切にしよう 98
22 人前で話す時の緊張は「台本ノート」で軽減！ 102
23 「感情」と「意見」を切り離すと議論が楽に！ 106
24 心地よい「コンフォートゾーン」を抜け出そう！ 109
25 キャリアアップに迷った時は？ 113
● 私のオンとオフ！「一日スケジュール」 116
特別公開その1 【Streaks】の使用画面 118

とことん充電！オフタイムのポジティブ習慣

26 オンタイム中も一息つく時間を大切に！ 120
27 モヤモヤの「解釈」は自分次第！ 124
28 継続のコツは「トリガー」を決めること 128
29 リラックスタイムの「温活」と私の愛用アイテム 132

30 サウナで「ととのう」心地よさ 136
31 ファスティングで内臓リフレッシュ！ 140
32 毎日の美容ルーティンを楽しむ 144
33 「癒やしアイテム」で心のモヤモヤを解消！ 148
34 「心地よい空間」づくりで高める自己肯定感 152
35 読書を習慣にするための「マイルール」 156
36 買い物は「リサーチ」と「ときめき」を重視！ 160
37 「ときめき買い」でも予算管理は必須！ 163
● 私の「一週間スケジュール」 166
特別公開その2 【Notion】のタスクリスト 168

CHAPTER 4

SNS発信も趣味も！ハッピーサイクルに乗って輝く未来へ

38 わくわくをつくる！「新しい体験」のすすめ 170

39 得意な「話すこと」を活かした発信スタイル 174
40 発信テーマは「学び」から「共感」へ！ 177
41 SNS上のネガティブな意見と、どう向き合う？ 180
42 SNSで新しい情報を効率よくインプット！ 183
43 SNS発信でポジティブマインドを広げたい 186
44 仕事と趣味を分けずに楽しみ尽くす！ 189
45 音楽フェスは私のパワースポット 193
46 「ソロキャン」で味わう特別な体験と一人時間 197
47 好きなアーティストのライブは元気の源！ 201

参考文献 205
おわりに 206

装丁 坂川朱音（朱猫堂）
本文デザイン 坂川朱音＋小木曽杏子（朱猫堂）
イラスト 高橋由季
DTP 尾関由希子
校正 ぴいた
編集協力 友成響子（毬藻舎）

CHAPTER

1

得意を見つめ 毎日ハッピー！ ポジティブマインドのつくり方

具体的なポジティブ習慣の話に入る前に、
まずは私が大切にしているポジティブマインドの捉え方や
ベースとなる考え方をお伝えしたいと思います。
何よりの秘訣は、“苦手”ではなく“得意”に注目すること。
それこそが、自分らしく前向きに生きるために
ベストな方法だと思うからです。

01

無理にポジティブになろうとしなくて大丈夫!

Voicyで「ポジティブマインドの作り方ラジオ」というチャンネルまで持っている私ですが、いつもいつもポジティブ思考を目指しているわけではありません。

むしろ、この本を手に取っていただいた皆さんに、声を大にして言いたいのが、**「はじめから無理やりポジティブになろうとしないでください」**ということ。矛盾するように聞こえるかもしれませんが、大切なことなので最初にお伝えしておきたいと思います。

「あの出来事で落ち込んだ」「あの人がむかつく!」「あの時の一言で傷ついた」「私なんてもうダメだ」……などなど。

そんなふうにネガティブな感情を抱いてしまうことって、人間なので当然あるものだと思います。

もちろん私にもあります。毎日のように……。

だからといって、無理にすぐにリカバリーしようとはしません。

ネガティブな感情が襲ってきたら、一度落ち着いて、自分のあるがままの感情を見てみましょう。冷静に、まずは湧き起こる感情に意識を向けてみるのです。

そうすることで、感情の見落としが減らせます。

最初から、無理に元気になろうとすると、大切な感情を見落としてしまう危険があると思います。感情を見落としてしまうと、自分を放ったらかしにしたり、無理をしてツラくなったりすることにもなるので、おすすめできません。

ポジティブマインドを目指すために、**悲しくても無理に笑顔でいる必要はない**のです。

自然と湧き起こる感情は、それがネガティブであっても、もちろんポジティブであっても、コントロールしようとしないこと。

感情はコントロールできないもの、変えられないものだからです。

そして、自然に湧いた感情を取りこぼさずにきちんと意識できたら、そこからが「思考」の出番です。

「感情」はコントロールできないものですが、「思考」は自分の捉え方一つで選択できるものです。

どんな「思考」を選択していくかという物事の捉え方のコツや方法論は、先人や大先輩たちが編み出してきたものや、私自身が試して、よかったと感じているものなど、さまざまあります。本書では、それらを具体的に一つ一つご紹介していけたらと思います。

その大前提となるのが、**「ポジティブマインドは無理やりなろうとするものではない」**ということを、まずはお伝えさせていただきました。

POSITIVE POINT

自然発生するネガティブな感情は変えようとしなくてOK！
「感情」はコントロールすることができないものだと知る

02 感情を客観的に見つめ直してポジティブ変換

無理にポジティブになろうとするのではなく、ネガティブな感情もいったん受け止めることが大切というお話をしましたが、その上で、**自然に湧き起こる感情をどう捉えるかというのが、次なる「思考」のステップ**です。**ポジティブ変換**が必要なのは、いよいよここから！

そのために、おすすめの思考法を一つご紹介しておきたいと思います。

「今の自分はこう感じている」という感情の存在を認めるのがスタート地点だとすると、そこからちょっとだけ距離をとって、**自分の感情を客観的に見つめ直してみるのが、次なるステージ**。自分のことではありつつも、第三者を見つめるような気持ちで、「客観」というう名のメガネにかけかえて観察してみるのです。

例えば、コンペに負けたなどの場面では、「今、私はショックを受けている」という自分のネガティブな感情を認めるところがスタートです。さらに、次のステージでは、その時の感情を客観的な目で見つめ直してみる。「もっと簡単に勝てると思っていた」「想像していた以上にくやしい」などの自分の内にある思いを外側から淡々と見つめるイメージです。「そうか、私はこんなふうに感じているんだな」という、**一歩引いた冷静な気付き**につながっていきます。

この時点ではもう、「ショック」という感情に振り回されておらず、**「思考」するステップに来ていると言えるでしょう**。

これは**「メタ認知」**という、アメリカの心理学者、ジョン・H・フラベルによって提唱された概念で、もとは心理学の用語です。**感情と適度な距離をとりながら、自分を客観的に見つめる思考法の一つ**。湧き起こる感情をどう捉え、成長や問題解決にいかに役立てていくかというスキルの一つとして、昨今、ビジネスの分野でも重要視されています。

「メタ認知」によって感情を客観視する癖がつくと、頭に血がのぼるような怒りや、心がざわつくような不安など、さまざまな感情をスーッとクールダウンさせることができるようになります。

そして、**感情が落ち着くと「次にどうするか?」という行動を考えやすくなる**のです。次の行動につなげるために、軌道修正する方法を考える力が高まったり、より効果的な判断ができるようになったりするメリットもあります。

その結果、**スタート地点ではネガティブだった感情を、ポジティブな方向へと変換**しやすくなります。これが「メタ認知」を実践する最大のメリットだと感じています。

物事をポジティブに捉え直していくために、私自身、あらゆる場面で意識している大切な思考法なので、まずご紹介させていただきました。

POSITIVE POINT

自分を客観的に見つめる「メタ認知」で感情をクールダウン
感情が落ち着いたら、「次にどうするか?」を考える

03

ポジティブマインドに欠かせない「自己分析」

皆さんは、自分がどんな性格か、強みはどんなところか、人に説明することはできますか?

新卒時の就職活動で初めて「自己分析」をして、働く業界や就職先を決めたという人もいるかもしれませんね。

「自己分析」と聞くと身構えてしまうかもしれませんが、**要は自分のことを理解する**ということです。

就職活動をしていた頃の私は、ろくに自己分析もせず、ただ「人と話すのが好き」という理由だけで「営業が向いているかも」と直感的に思っていました。その直感は大きくははずれていなかったのですが、実際に仕事を進めてみると苦手なジャンルに直面したり、壁にぶち当たったりすることも。そのたびに、もっと自分への理解をさらに深めていくことが大事だと実感するようになりました。

自分の性格や強みや弱点、価値観の傾向などを一つ一つ理解していくと、客観的に自分

のことを見つめられるようになるからです。

自分自身を**「メタ認知」**するような感覚かもしれません。

「メタ認知」するための材料を、自己分析によって掘り下げて探し出す。それによって、**その時々の選択がしやすくなる**ように思います。

わざわざ掘り下げなくても、自分のことは自分で全部わかっていると思っていませんか？

でもじつは、自分で認識できている自分というのは、全体のほんの一部にすぎないといわれているのです。心理学者のユングも、**認識できている自分というのは一割ほどで、残りの九割は自分では認識できていない領域である**と説いています。

今あなたが「自分」と認識している部分は、まさに氷山の一角。

大部分の見えてない自分を掘り下げていくことが、自己理解を深めることにつながるのです。

生きていると、答えがすぐに見つからない課題がさまざま浮上するものです。

ワークライフバランスをどうすべきか？

異動先の部署で、どんな役割を果たしたらいいのか？

プロジェクトのリーダーに抜擢されたけど、どんなリーダーを目指せばいいのか？

子どもを持つかどうか、このまま仕事を優先するか？

長年付き合った恋人と結婚するべきか、このままの関係でいるべきか？

離婚したいけれど、一人でやっていけるかどうか？


それぞれ、正解は一つではありません。

一人一人、個性が違うのだから、選ぶべき道は違って当然です。

多くの人と広く付き合うのが上手な性格なのか、少ない人数で親密な信頼関係を築くほうが得意な性格か。考えることが好きなタイプか、とにかくまず行動してみるタイプなのか。規律を大切にする人、競争心が強い人、責任感が強い人、共感力が高い人……などなど、性格や価値観は人それぞれで、さらにいくつもの性質が複雑に絡み合って、その人オリジナルの個性となっています。

自分の個性を理解すること。そして、**個性を活かせる道を選んで行動していくことは、自分自身を成長させ、可能性を広げるために役立ちます**。

「どう生きたいか」「どう働きたいか」と迷った時、ポジティブな道を選ぶためにも、個性への理解が必要なのです。

そう考えると、個性を知るための自己分析は、**ポジティブマインドを育むために欠かせないと**感じています。

また、自己分析は一度きりで終わるのではなく、ことあるごとに振り返って分析し、**変化する自分を理解し続けることも大切です**。その時々で、自分に適した環境や役割を見つけることで、より充実した人生を送ることができるようになります。

では、九割の自己認識できていない部分を含めて、自分の個性をどうやって知るのか?

世の中にはさまざまな自己分析ツールがありますが、私自身は**「ストレングスファインダー®」という、強みを「見える化」するための分析ツール**を愛用しています。その話は次の項目でご紹介したいと思います。

POSITIVE POINT

認識できていない未知の自分への理解を深めよう
個性が違えば、選ぶ道も違って当然!

04

自分が輝くための「強み」を見つけよう！

ポジティブマインドでいるために欠かせないのが、まずは自分自身への理解を深めること。その際に私がもっとも大切にしているのが、**自分の「苦手」ではなく、「得意」や「強み」に注目する**ことです。

できないことのほうが目につきやすく、つい「苦手」にフォーカスしてしまいがちなのはよくわかります。以前の私もそうでした。

でも、**ほかの人よりも自分が自信を持ってできる「得意」な部分を伸ばしていくほうが、自分なりの武器を見つけやすく、より輝ける道にたどりつける**ことに気付いたのです。

苦手を補って、何でもまんべんなくできる人になろうと目指しているうちは、正直苦しかったのですが、**「得意」にフォーカスしてみると途端に楽になれました。**

そして何よりも、**迷いなくポジティブな一歩を選択して、足を踏み出すことができるようになった**と思います。

私がこのことに気付いたのは、『さあ、才能（じぶん）に目覚めよう 新版 ストレングス・ファインダー2.0』（トム・ラス／著、古屋博子／訳）という一冊の本との出会いがきっかけでした（※現在はジム・クリフトン、ギャラップ 著の最新版が刊行されています）。

私にとって大きな転機になったので、少しだけご紹介させてください。


「ストレングスファインダー®」というのは、アメリカのギャラップという会社が開発している**強み分析ツール**です。五十五年間かけて、二百万人に行った壮大な調査結果から、人間の才能のかけらとして五千個以上の個性に細分化したものを、**最終的に三十四個の資質（強みとなる個性）**としてまとめたものです。

四十分ほどの診断テストを通じて、その人の無意識の思考や感情、行動を分析するもので、分析結果から、自分が三十四個の個性をどの順番で持っているかがわかります。

そのうち、**強みとしてとくに活かしたい上位五つの個性**は、前述の書籍に掲載されているアクセスＩＤから無料で知ることができて、さらにウェブサイト上で有料登録すると三十四個すべての個性の順番を知ることができるというシステムです。

ちなみに私の上位五つは**一位「ポジティブ」**、**二位「社交性」**、**三位「最上志向」**、**四位「共感性」**、**五位「コミュニケーション」**という結果です。

「ストレングスファインダー®」によって三十四個に分類された個性は、私自身が自己分析を深める時はもちろん、まわりの人のことを理解するためにも活かせるので便利ですし、**「強み」を活かすという思想そのものが、私が提唱したいポジティブマインドの考え方の指針**にもなっています。

本書では、**自分の強みを知るはじめの一歩として、本書用に考案した簡易診断テストをP55～58に収録していますので、ぜひ活用してみてください。**

このようなツールを使う方法もありますし、ツールを使わなくても、普段の行動やまわりの反応から、自分の強みを探っていくことも可能です。

過去の成功体験を細かく振り返ってみてください。例えば、昔からよく人に褒められることや、うまくいく時のパターンなどはありませんか？

また、**自分が「普通」と思っていることにこそ、じつは強みが隠れている**こともあります。

「普通、約束守るでしょう？」という発言は、責任感が人一倍強いことの表れ。

誰かのキツイ一言に対して、「普通、そんなこと言われると傷つくよ」と眉をひそめる人は、他者への思いやりや共感力が高いというのが個性であり、強みでもあります。

あなたにとっては「普通」でも、ほかの人にとってそれは「特殊能力（＝強み）」かも

しれません。

自然にできていることが「自分の強み」とはなかなか気付きにくいのですが、**「普通、○○」と言いたくなるポイントをヒントに、強みが隠されていないか、ぜひ探ってみてください**。

逆に、他人から「普通、○○でしょ？」と言われるのは、責められている感じがしてあまり気持ちのいいものではありませんが、その人の「特殊能力」がそこに隠れているからこその発言かもしれません。そう捉えてみると、自己肯定感を下げすぎず、同時に相手のことも認められるようになります。

私自身も、「普通」が自分の「特殊能力」かもしれないと思えるようになって、**自分の個性とともに、他人の個性もポジティブに捉えられるようになりました**。

POSITIVE POINT

強みを知ることが、自分の武器になる！
自分にとっての「普通」が「特殊能力（＝強み）」かもしれない！

05

「弱点」は「強み」で補える！

自分の「強み」にフォーカスするとよいというお話をしましたが、「弱点」はそのままでいいの？という疑問が湧いてくる人もいるのではないでしょうか。

「強み」を知って活かすことは、自分を輝かせるために大切なことだと考えていますが、「弱点」を放置しておいてよいということではありません。

ただ、**「弱点」にまっすぐに向き合い、がむしゃらに努力で改善しようとすると、ツライ気持ちになってしまうのも事実**です。

そこで、おすすめしたいのが**「強み」で「弱点」をカバーするという考え方**です。

例えば私は、強み分析ツールによる診断結果からも、「社交的で、コミュニケーション力が高い」とされ、仲間から「脳に口がついている」と言われるほど話しながら考えるタイプ。

そのため、人と話しながらだと、思考を展開していきやすいという性質があります。

一方で、一人でじっくり考えごとをするのが苦手という一面もあり、「次回までに◯◯を考えてきて」などといったタスクを課されると、昔から「うわ～どうしよう!」と脳内パニックになってフリーズしてしまうということがよくありました。

結果、まったくやる気も起きない。端から見れば、「単にやる気のない人」に見えてしまうのですが、そんな私の弱点をどう補っているかというと……。

考えを言語化してまとめないといけない場面では、同じ仕事を進めているチームのメンバーや会社の上司などに、「申し訳ありませんが、ちょっとだけ時間をください」などとお願いして、まずは自分の考えを話して相手にも意見をもらい、コミュニケーションを進めながら考えをまとめていくという方法をとることが多いです。

セミナーの資料などを作成する際も、まずは誰かに、話す時間を三十分ほどとってもらい、しゃべりながら要点を整理していくことも。道筋が見えたら、あとは一人でも短時間で形にしやすくなります。

このように、私の場合は「考えごとをするのが苦手」という**弱点を克服しようと無理を**

するのではなく、「コミュニケーションが得意」という**自分の強みを活かしながら弱点をカバーする方法を探る**ことが多いです。

もちろんこれは、**自分の弱点を理解し、補ってくれるような人がいて、その人とパートナーシップを結べる環境だからこそできる**という面はあると思います。

職場に限らず、家族や身近な人など、お互いの「強み」や「弱点」を日頃から共有し、まわりの人に手伝ってもらったり、逆に自分が得意なことは周囲に力を貸したりと、**周囲と補い合えるような環境があると、お互いに救われます。**

私も日々模索中ですが、周囲と補完し合えるようなパートナーシップを築いていくことは、より心地よく生きていくための秘訣の一つだと実感しています。

現代はアプリやウェブサービス、AIなど便利なツールもさまざま登場しているので、それらを使って苦手分野のサポートシステムを構築するという手もあると思います。

職業柄、私は最新のIT情報にはアンテナをいつも張りめぐらせているほう。自分自身の苦手をサポートしてくれるような最新のツール探しも常にしています。本書でも、いくつか具体的にご紹介しているので、よかったら参考にしてみてくださいね。

また、**そもそも弱点の領域には足を踏み入れないようにするということも大切**です。

例えば、「共感力が高い」という性質を持つ人は、思いやりがあって人の気持ちが深く理解できるという強みがある反面、周囲の感情に共感しすぎて影響を受けてしまうという弱点もあります。いつも怒号が飛び交うような環境にいると、苦しくなってしまうかもしれません。

そういう場合は、**思い切って環境そのものを変える**という選択肢もアリです。

そして、**「強み」や「弱点」をしっかり自己分析できていれば、次回からは、そのような環境を選択しないという道を選べるかもしれません。**

POSITIVE POINT

周囲の人と補完し合うパートナーシップを築いて弱点をカバーする
「弱点」とわかっている領域には、なるべく足を踏み入れない

06

「ポジティブスイッチ」は人それぞれ違ってOK！

強み分析ツールによる私の分析結果では、最上位にくるのが**「ポジティブ」**という個性です。

立ち直りが早く、あらゆることに肯定的。「大丈夫、大丈夫！」というのが口癖です。とにかく文字通りポジティブな性質を持っていることを自覚しています。

その上、社交的でコミュニケーション力も高め。そんな私の「ポジティブスイッチ」は、**まわりの人との関わり**が大きな鍵を握っています。

人との関係の中で、**お互いに前向きな気持ちになれるようなエネルギーの循環があること、まわりの人が嬉しそうにしている姿を見ること**が、ポジティブになれるきっかけです。

人からはよく「ポジティブでうらやましい！」「どうしたらポジティブになれますか？」と言われるのですが、**一人一人が持っている個性によって、「ポジティブスイッチ」はまっ**

たく違うと思っています。

自分自身の個性と照らし合わせながら、自分に合う方法でポジティブになれるきっかけを見つけることが大切です。

いくつか例を挙げてみたいと思います。

例えば、**「適応力が高い」**という強みを持つ人は、状況に応じた柔軟な対応が得意で、「なんとかなる！」と考えることでポジティブになれます。

また、**「発想が豊か」**で、新しいアイデアを生み出すことが得意なタイプは、「別の見方や方法を考えれば、問題を乗り越えられる！」と考えることで、ポジティブになれます。

過去より**「未来に思いを馳せがち」**なタイプは、未来の可能性を想像し、それに対してわくわくすることでポジティブになれます。

その逆で、未来よりも**「過去のことを振り返りがち」**なタイプは、過去の経験や実績を大切にします。「今まで大丈夫だったのだから、これからもきっと大丈夫！」と考えることで、前向きになることができます。

「戦略を立てるのが得意」なタイプは、目的にたどりつく方法をいくつも考えることができるため、「一つの方法がダメでも、ほかにやり方はいくらでもある！」と考えることで、ポジティブになれます。

「成長を促すのが得意」なタイプは、他人の可能性を信じ、応援することに喜びを感じます。「どんな人でも成長できる！」と考え、周囲をポジティブにすることで、自分もポジティブになれます。

いかがでしたか？　あなたにあてはまるタイプはあったでしょうか？

ここで挙げたのはほんの一例ですので、ぴったりあてはまる例がないという人も多いかもしれません。

自分の「ポジティブスイッチ」がどんな時に入るのか、ぜひご自身の個性と合わせて考えてみてくださいね。

また、人によって「ポジティブスイッチ」の入り方が違うことを知っておくと、自分だけでなく、**まわりの人の「ポジティブスイッチ」を入れたい時にも役立ちます**。

例えば、未来を想像しがちな人には、「頑張ればこんな未来が待っている」とビジョンを示す。過去を振り返りがちなタイプなら、「今までの実績があるから大丈夫」と伝えてみるというように、**それぞれの個性に応じて励まし方も変えてみると、「ポジティブスイッチ」を入れてもらいやすくなります**。

まわりの人の個性にも目を向けて、周囲との関係づくりに活かしてみてください。

POSITIVE POINT

自分がポジティブになれるきっかけを見つけよう！
まわりの人の「ポジティブスイッチ」の入れ方も考えてみよう！

07

「強み」は他者のために使おう

もともとポジティブな性格だという自覚はあった私ですが、ポジティブのベクトルが自分に向いている時は「ただの明るい人」にすぎませんでした。

ともすれば、「何も考えていない人」や、時には「ポジティブ暴走族」などととられかねない……。そんな心配も抱えて、できるだけまわりには押し付けないようにしようと考え、人前ではキャラクターを出しすぎないように気を付けていたほどです。

人生の転機となったのは、前述した強み分析ツールの「ストレングスファインダー®」で、**「才能は他人のために使うことで開花する」**という考え方に出合ったこと。

私の持っているポジティブという個性を活かすには、周囲に明るさを広げていく力として、もっと積極的に使っていくといいことを知りました。

それからは、**自分の個性を肯定できるようになり、ベクトルを他人に向けてもっと人の**

ために活かしたいと思えるようになったのです。

YouTubeやVoicyなどで配信を始めたのもそのためです。

「ストレングスファインダー®」の考案者であり、強みの心理学の父とも呼ばれる故ドナルド・O・クリフトンが提唱している、私の好きな話の一つに、「バケツとひしゃくの理論」というのがあります。ごく簡単にご紹介させてください。

人は誰でも**心にバケツ**を持っているそうです。

バケツの水がいっぱいな時は気分がよくて幸せで、減るとよくない気分になる。他人に何か言われたり、されたりするたびに、水は減ったり増えたりします。

また、どの人も**手にひしゃく**を持っています。

ひしゃくで他者のバケツに水を注げば、その人のバケツの水が増えると同時に、自分のバケツにも水がたまるそうです。

逆に、他者のバケツから水をすくってしまうと、その人のバケツの水も減るし、自分のバケツの水も減ってしまうという仕組みです。

これを私たちの行動に置き換えると、水を注ぐというのは、相手が喜ぶことを言ったり、やったりすること。逆に、水をすくう行為は、相手が傷つくことを言ったり、やったりすることを象徴的に表しています。

つまり、**相手のバケツに水を注ぐという「他者に貢献する」行為が、結局は、自分の成長や心を満たすことにもつながる**ということを教えてくれる理論です。

誰もが水を与えるためのひしゃく（＝強み）を持っているので、**自分の強みがわかったら、次はどうやったら人のために使えるのかを考えてみましょう**、と説いています。

「強み」を活かして、他者のために行動することは、まわりも自分も喜ばせる結果につながります。このような**好循環を生み出すことを目標にする**と、自分のまわりをよりハッピーな環境に変えていけるのではないかと思っています。

POSITIVE POINT

自分の「個性」を「強み」として活かす道を探ろう
「強み」を人のために使うと、ハッピーな循環が生まれる！

08

落ち込みそうになった時こそチャンス！

とにかく立ち直りが早いのがとりえの私ではありますが、もちろん、失敗して落ち込んでしまったり、モヤモヤとした不安に襲われたりする日もあります。

あれこれやりこなしているように見えて、じつは私には失敗談が尽きません。ウェブ会議での名前の呼び間違えや、打合せの日程調整ミス……。「注意深く」「じっくり」考えるより前に動き始めるタイプのため、失敗もつきものです。

失敗した時に私が意識するように心がけているのが、**「事実は一つ、解釈は無限」**という考え方です。

失敗したこと自体は、「変えられない事実」です。でも、それをどう解釈するかは自分次第で、解釈の仕方も無限にあるということ。

「自分はなんてダメな人間なんだ」「何でいつもこうなんだろう？」と、クヨクヨと悩み続けていても、「事実」は変わってくれません。

ですから、起きてしまった失敗に対して、**同じことが起きないようにどう行動を変えるか、次回から自分はどうするべきかを考えるほうに思考をシフトチェンジ**するようにしています。

これは『失敗図鑑　すごい人ほどダメだった！』（大野正人／著）という書籍でも読んで共感した考え方です。

かの発明王であるトーマス・エジソンも、じつは失敗作を数多くつくっていて「失敗王」という異名までついていたそう。それを人から問われた際に、「これは失敗ではなく、うまくいかない方法を一つ発明しただけ」と答えたというエピソードが紹介されていて、とても勇気づけられました。

以来、私も失敗をネガティブに受け止めすぎずに、**「同じミスをしないための学び」**と捉えるようにしています。**「失敗したことでデータが取れた。ラッキー！」と考えると、気持ちが少し楽になる気がしてきませんか？**

ちなみに、先に挙げたような私の失敗の予防策は、行動派の私とは性質の違う、慎重に物事を進めることが得意なメンバーに意見を求めたり、チェックをお願いしたりすること。P32〜35でもお伝えしたように、**互いに「弱点」を補い合いながら、周囲とうまくパートナーシップを組む**ことを意識して進めるようにしています。

また、**とくに他人が関わる失敗の際は、言い訳や責任転嫁をしない**ことも大切にしています。「会社の仕組みのせい」「環境のせい」を匂わせるような発言を、つい口にしてしまいがちなのですが、そうした発言は、**印象を悪くするだけで逆効果**でしかありません。**言い訳を重ねるほど、自分の成長のチャンスも逃してしまいます。**

人に指摘された時は、素直に「勉強になりました。ありがとうございます」と受け入れて感謝ができると、まわりにとっても、もちろん自分にとっても、ポジティブに着地できると思います。

このように、原因がはっきりしている失敗の場合は、気持ちのやり場や着地点を見つけるコツをつかみやすいものですが、**モヤモヤと漠然とした不安の場合は、気持ちのやり場を見つける前に、不安を「見える化」するステップが必要**です。

不安は「見えない」ことが原因で増幅しやすいもの。私もコロナ禍でリモートワークが始まったばかりの頃に不安に襲われた時期があり、頭の中にある**不安を一つ一つ紙に書き出してみました。書き出した不安を、「なぜそう思うのか？」と掘り下げて整理**してみたところ、「孤独を感じている」「人と話す必要がある」という原因が見えてきました。

その後、できるだけ人との交流や会話の時間を増やすように行動したら、不安が落ち着いてきたという経験があります。

ここでも、**不安があるという「事実」は変えようがないので、まずはその「事実」を受け入れる**ことが大切です。

次に、**何に対して不安を感じているのかを整理**する。

そして原因が見えてきたら、**解決策を考えて、行動に移す**。

この三ステップを順に進めることで、必ずポジティブな未来に向かうことができます。

失敗や不安、ピンチの時こそ**「ポジティブ変換」のチャンス**です。そう考えて、切り替えるための解釈をして、その先の行動につなげていきましょう。

POSITIVE POINT

失敗も不安もポジティブな解釈につなげよう
「見えない不安」は整理して「見える化」する！

ポジティブになれる毎日の習慣!

私の勤務している会社では、もともと朝礼の習慣がなかったのですが、コロナ禍でフルリモートになったことをきっかけに、音声だけの朝礼時間を五分間設けることになりました。そのうち一分間は、**「Good & New」**という取り組みを導入しています。

これは、もとはアメリカ発祥のワークで、企業や学校などで取り入れられてきたものです。その日の担当者が**「最近あったよかったこと（Good）」**や**「新しく経験したこと（New）」**を共有するというシンプルなものです。

テーマは業務のことやプライベートのこと、何でもOK。

例えば、「新しい業務フローを試したら、作業効率が上がった!」「朝のウォーキングを始めたら、仕事の集中力が上がった気がする!」など。なかには「最近まったくいいことがないんですけど……」と言いながらも、なんとかポジティブな話にまとめ上げる人も。

たったの一分ですが、みんなのパワーを感じられるような豊かな時間になっています。

お互いの近況を知ることでコミュニケーションの活性化になりますし、小さな成功や試みをみんなで喜び合うことで、**ポジティブ思考が自然に定着していく**というメリットも大きいと感じています。**よかったことや新しいことを意識的に探す習慣も身につきます。**

この取り組みは、会社がフルリモートではなくなった現在も続いていて、最近は、早朝にプライベートで配信しているVoicyでも、「Good & New」のコーナーを設けるようになりました。リスナーさんから希望者を募って、その人の「Good & New」をシェアしてもらうこともあり、ポジティブの輪が広がっていくのを感じています。

さらにVoicyでは、「Good & New」に加えて**その日の目標**も発信。

「絶対にやらねばならない」タスクからは少し離れて、生活の豊かさや健康に関する目標に絞って、一つ発信するようにしています。

例えば、「水をたくさん飲む」「仕事のあとにヨガに行く」「今夜は湯舟にゆっくり浸かる」など、どれもごく小さな行動目標なのですが、その日にちょっと頑張ってみたいことや、やりたいことなどを朝のうちに言語化しておくことで、**日中も目標に向かって意欲的に過ごすことができます**。

忘れずに実現できると**達成感が味わえて、一日の終わりに嬉しい気持ちになれる上、生**

活や健康面の充実にもつながります。

そのほか、発信はしていませんが、平日は毎朝、仕事上の目標を一つ必ず自分の中で決めるようにしています。複数あるタスクから「今日は絶対にこれだけは達成しよう」という最重要タスクを選び出して、その日の目標とすることも多いです。

仕事なので現実的な業務目標を掲げることがほとんどですが、**「必ずやりとげたいこと」を漏らさず完遂することにつながり、やはり達成感を味わえます**。

生活面でも仕事面でも、一つ一つは小さな目標だとしても、**毎日の積み重ねが一週間、一年という単位で見ると大きな変化になり、ひいては人生の充実につながっていく**のではないかと思っています。そのためにも、一日単位で「Good & New」を見つけ、小さな目標を掲げて日々達成感を味わうという、**小さなポジティブ習慣を積み重ねていくこと**を日々大切にしています。

POSITIVE POINT

毎日の「Good & New」探しで、よかったことを意識化
「小さな目標→達成」のサイクルでポジティブマインドを定着！

10 マンダラチャートでわくわくする目標設定を

小さな目標を毎日立てると、ポジティブマインドの定着に役立つというお話をしましたが、日々の**小さな目標**を立てるためには、長いスパンで**大きな目標**を立てて、自分が向かうべき方向を定めておくことも大切です。

目標というと、「立てたからには守らないと……」と重荷に感じてしまうという人もいるようですが、私はもっと気軽に楽しく考えています。

というのも、日々の小さな目標は短時間で達成できるよう現実的な内容が多いものですが、それに対して大きな目標は、もっと**夢がふくらむような、わくわくする内容を自由に設定できる**からです。

私自身も、基本的には「その場その場で、楽しく頑張っていれば、なんとかなるだろう！」というタイプ。もともと目標を決めることに対して、関心が高かったわけではありません。

でも、二〇二二年の年始に、久しぶりにゆっくり休みをとったタイミングで、頭の整理をしようと軽い気持ちで年間目標をまとめてみたらとても楽しくて、より充実した一年の過ごし方ができたのです。その時以来、年始の恒例行事となっています。

私が年間目標をまとめる際には、**「マンダラチャート」**というフレームワークを利用しています。米国で大リーガーとして大活躍している大谷翔平選手が、高校時代に作成していたことが話題になったので、聞いたことがあるという人もいるかもしれません。

「マンダラチャート」は、**九×九マス、合計八十一のマス目があるシート**を用います。まず、中央のマスに自分が達成したい**「大きな目標」**を記入し、そのマスを囲む八個のマスに、その目標を達成するために**必要な「要素」**を上げていきます。

さらに、その外側の九マスずつの八個のブロックのそれぞれの中央のマスに、その「要素」を転記し、そのマスを囲む八個ずつのマスに、**具体的な行動**を記入していくというもの。

この方法に少しだけアレンジを加えた私なりの書き方を、ここではご紹介したいと思います。

まず、私が中央のマスに書いているのは、**今年のテーマを表す「漢字」**です。

例えば二〇二五年の私の場合、人としての成長や暮らしの豊かさ、人間関係の充実など目指したいことを全部まとめて「満」という一文字にしました。

漢字のまわりの八マスには、**目標を達成するために必要な「ジャンル」**を書き出します。私は「人格」「教養」「仕事・キャリア」「趣味」「美容」「健康」「発信」「暮らし」という八ジャンルを書きました。

人によっては、そのほかにも「家族」「社会貢献」「お金」といったジャンルも出てくるかもしれませんし、もちろん年によって変わっても構いません。

さらに、外側の九マスごとのブロックの中央のマスにそれぞれ、その八ジャンルを一つずつ記入します。最後に、それぞれのジャンルのまわりの八マスに、そのジャンルでの**やりたいことや行動を書き込んでいけば完成**です。

ちなみに、私が二〇二五年の年始に作成したマンダラチャートは左記のとおりです。

心が喜ぶ時間をつくる	所作を丁寧に	自己承認	起業家さんの書籍を月1冊読む	歴史について学ぶ	映画やドキュメンタリーを見て学ぶ	パーパスドリブン	目標を常に明確に	SF※を活用した新サービス
新しい経験	**人格**	時間を大切に	毎月3冊好きな本を読む	**教養**	英語の勉強	コーチングを受ける	**仕事キャリア**	人脈を広げる
今ここに集中	感謝を大切に	品よくする	新しい資格を取る	仏教に関連するイベントに参加する	金融について学ぶ	強いチームづくり	新しいスキルの習得	時間の使い方を「見える化」分析
週に1度は家でゆったりタイム	お茶やコーヒーを淹れる時間を楽しむ	月1回収支をチェックする	**人格**	**教養**	**仕事キャリア**	海外のフェスに行く	パラグライダー	ウクレレを始めて1曲弾けるようになる
自然を感じる小旅行	**暮らし**	朝に太陽光を浴びる	**暮らし**	**満**	**趣味**	新しいことに年3つ以上取り組む	**趣味**	DJの基本を学びやってみる
家に人を招く	季節に合わせた暮らしの工夫を楽しむ	心がときめく家具をそろえる	**発信**	**健康**	**美容**	坐禅体験	行ったことのない場所でキャンプする	SUPを楽しむ
朝活ラジオの継続	ショート動画の運用	Xの運用	ヨガに最低週1回通う	瞑想を日常に取り入れる	体をしなやかにするためにストレッチを習慣化	腹筋を割る	体を白くする	月に1度ごほうびエステ
音楽やフェスについて語るポッドキャスト	**発信**	noteを開始する	人間ドックに行く	**健康**	バランスのとれた自炊を週1回	唇のケアをする	**美容**	髪のケア
自由にアイデアを出す	他の発信者さんと交流を図る	YouTubeの発信内容を分析し改善する	自然の中で健康レジャーに取り組む	水分をたっぷりとって体を潤す	ウォーキングやランニング	美容に関する本を読みモチベアップ	姿勢改善	首のしわケア

※SF:ストレングスファインダー®

八ブロック×八マスで六十四個の具体的な行動リストができました。私はこれを**六十四個の「わくわくリスト」**とも呼んでいます。

はじめから六十四個の目標を立てようとするとハードルが高いのですが、こうやってジャンル別に考えていくと、**叶えたいイメージやアイデアが湧きやすくなります。**

もちろん、**無理に全マスを埋めなくても大丈夫**です。時間を置いて「こんなことをやりたい！」と思いついた時に書き足してもいいし、空欄のままでも構いません。

さらに、私はここから「タスクリスト」をつくり、月間の目標として振り分けていく作業をしています。例えば英語の勉強なら「○月から週に一回オンラインレッスンを受ける」、渡航計画なら「○月に渡航。そのために○月に予約を入れる」など、具体的に**「期日を決める」**ことと**「数値化する」**ことで、実際の行動を起こしやすくなります。**目標を「見える化」しながら、わくわくする未来に近づきましょう。**

POSITIVE POINT

マンダラチャートで六十四個の「わくわくリスト」をつくる
「わくわくリスト」を「タスクリスト」に変えて、月間目標に振り分ける

＼ あなたの「強み」は何？ ／

強み探し簡易診断

「強み」を知ることは、自分が輝く道を見つけるための第一歩！
この診断では、あなたの普段の行動パターンから**「強み」のタイプ**を読み解くための質問を用意しました。意識していることだけでなく、無意識に選択している行動にもヒントが隠れています。
深く考えすぎずに、直感で答えてみてください。
診断結果は**P58にまとめています**。自分自身をより深く理解するための手がかりとして、ぜひ活用していただけたら嬉しいです。

診断

次のQ1～7の質問に答えてください。A～Dの選択肢からもっとも近いものを選び、合計数をP58に記入しましょう。

Q1 友達と旅行を計画していますが、行き先がなかなか決まりません。あなたなら、どうしますか？

A 選択肢を絞り込み、多数決などのすぐに決められる方法で決定。予約を即実行する。

B みんなのテンションが上がるような写真や、口コミ情報を集めてプレゼンする。

C みんなの希望をしっかり聞いて、全員が満足できるプランになるようバランスよく調整していく。

D メリット・デメリットを比較した上で、天気・混雑具合・移動時間などの条件から最適なプランを提案する。

Q2 仕事で締め切りが迫っているタスクが複数あります。あなたなら、どうしますか？

A 締め切りを必ず守ることを前提に、優先順位をつけて一つずつ確実に終わらせていく。

B 同僚やチームを巻き込み、役割を明確にしてタスクを分担するように指示しながら進める。

C まずは同僚に状況を相談し、相手の状況を気遣いながら協力をお願いする。

D まずは全体を整理して、過去の成功パターンも参考にしながら、もっとも効率的な進め方を考える。

Q3 新しいプロジェクトでリーダーとしてチームをまとめることになりました。あなたなら、最初に何をしますか？

A まずはゴールと期限を明確にし、役割分担を決めてすぐに動ける状態をつくる。

B プロジェクトのビジョンを明確にし、チームの士気が上がるようにキックオフミーティングを開く。

C チーム全員で方向性をすり合わせるミーティングを開き、みんなでアイデアを出し合いながら進め方を決める。

D 成果を出すためにどのルートが最適かを考え、類似プロジェクトのデータを参考に、成功パターンと失敗のリスクを洗い出す。

Q4 友達に誘われた飲み会で、初対面の人と同じテーブルになりました。あなたなら、どうしますか？

A 細かいことは考えず、とにかくシンプルに自己紹介をして会話を始める。

B 「みんなで乾杯しませんか？」と提案し、周囲を巻き込んでその場の盛り上げ役になる。

C まずは相手が話しやすい話題を振って、自分が話すよりも相手の話をしっかり聞く。

D まずは人や場を観察し、「誰が話しやすそうか？」「共通の話題がありそうか？」を判断。相手を見極めながら関係をつくる。

Q5 家の中が散らかっていますが、どこから片付けるか迷っています。あなたなら、どうやって進めますか?

A とくに計画は立てず、目に付いたところから片付け始める。

B BGMを流してテンションを上げ、片付けをイベントのように楽しむ。

C 自分が心地よく過ごせる空間から整え、無理せず少しずつ片付けていく。

D ゴールを決めて効率的な優先順位を考え、片付け後も長期的に散らからない仕組みを考える。

Q6 会議で新しいアイデアを出すよう求められましたが、周囲は消極的。あなたなら、どうしますか?

A 完璧ではなくても、とにかく自分のアイデアを出して議論を前に進める。

B 「〇〇さんの意見が聞きたい!」などと声をかけ、周囲の意見を引き出しながらみんなが発言しやすいように場を盛り上げる。

C まずは雑談などで場の空気をやわらげ、周囲の意見を大切にしながらみんなで一緒に考えられるように協力して進める。

D 他社の成功事例や最新トレンドをリサーチし、発想を助ける枠組みをつくりながら理論的に進める。

Q7 仲のいい友達の誕生日プレゼントを買いに来たけど、何を買うか決められない。あなたなら、どうしますか?

A 人気ランキングや定番アイテムをチェックして、時間をかけずに直感でサクッと決める。

B 普通のプレゼントじゃつまらない! SNS映えするような大きな花束、入手困難な大人気アイテムなど話のネタになるものを選ぶ。

C 友達が「これ気になる!」と話していた内容を思い出し、相手のことをじっくり考えて気持ちが伝わるプレゼントを選ぶ。

D 予算・用途・相手の好みを分析し、比較サイトやクチコミを見て、客観的なデータを活用して選ぶ。

A～Dの合計数

Aの数……	個	Cの数……	個
Bの数……	個	Dの数……	個

診断結果

Aが多い人
「アクションタイプ」

あなたは迷わず行動する
実行力のある人。
「物事を最後までやり遂げる名人」です!

Bが多い人
「スタータイプ」

あなたは人を引きつける
影響力を持つ人。
「まわりを巻き込む名人」です!

Cが多い人
「ハートタイプ」

あなたは人とのつながりを
大切にする人。
「他人との関係を築く名人」です!

Dが多い人
「ブレインタイプ」

あなたは冷静かつ効率的に
物事を進める人。
「戦略的に物事を考える名人」です!

※より詳細なご自身の強みを知りたい方は
ぜひ「ストレングスファインダー®」で診断してみてくださいね!

CHAPTER

2

心地よくフル回転！
働く時間の
ポジティブ習慣

「やる気が出ない」「モチベーションが上がらない」
誰にだってそんな日もありますよね。
でも、ちょっとした工夫や習慣で、
もっと楽しく前向きに働くことができるかもしれません。
この章では、私が日頃から意識している
仕事術や、対人関係や会話をポジティブに変換する
コツなどをお伝えします。

朝イチの「時間割」で目覚めスイッチをオン！

平日、出社前の毎朝六時からの十分間、「朝活ラジオ」という音声配信を、Voicyの「ポジティブマインドの作り方ラジオ」というチャンネルでプレミアムリスナー（会員制の有料リスナー）向けにリアルタイムで発信しています。

そんな話をすると、「朝に強い人」と思われがちなのですが、じつは早起きは苦手なほう。もともと朝型人間ではありませんでした。だからこそ、人一倍いろいろな工夫を重ねてきたので、実際に試してみて、よかった方法をシェアしたいと思います。

まず、意識しているのは、**朝の習慣にしたいことを、必ず「朝のやることリスト」に組み込むこと**です。

当たり前のようですが、習慣化って、意識して「この時間にやる！」と決めてしまわないと、なかなか実現が難しいことに気付きました。

「時間がある時に」ウォーキングしよう。「すき間時間に」英語の勉強をしよう。そんなふうに時間帯をあいまいにしていると、その「時間」はいつまで経ってもやってきません。

だからこそ、朝イチにやりたいことの予定をあらかじめ決めておくのです。**イメージは学校の「時間割」**です。そうすることで、**起きてからの行動を迷いなく進められるようになります**。


例えば私の場合、朝の時間割の一つ目はウォーキング。目覚まし時計のアラームが鳴ったら、思考を入れずに「とにかく家を出る!」とだけ決めています。

外を歩いているうちに目覚めスイッチが入り、脳も体も覚醒していきます。その感覚が本当に気持ちいい。最高に贅沢な時間だなと思えるし、何よりも歩いた日は日中のメンタルも軽くなることに気付いて、すっかりやみつきになりました。

「歩くこと＝気持ちいい」と体にインプットされるから、起きることが楽しみになっていく。そうなれば、早起きもツラくなくなっていくという好循環が生まれます。

私の場合は、朝時間の最初にやることは、とりあえず何も考えずに家を出て歩く、という「何も考えずに取り組めること」が合っていました。逆に英語の勉強など頭を使うものは、目覚めスイッチが入ってからでないと難しかったです。この順番はトライ&エラーを重ねながら見つけたもの。皆さんも、自分にとってやりやすい時間割を見つけてみてください。

ウォーキングから戻ってからは、Voicy のラジオ配信や収録、出社準備、カフェで一日のタスクを整理する時間なども、毎朝の時間割に入れています。

私の朝の標準的な時間割は、次の通りです。

一限目：ウォーキング
二限目：Voicy 配信
三限目：メイクと身支度
四限目：カフェでのタスク管理後、出社

時間割の管理のためにおすすめなのが、アプリの活用です。

P118 のコラムで使用例をご紹介していますが、【Streaks】というアプリでは、項目を自由につくって、達成したらチェックリストにチェックを入れていくことができます。「ピコン！」という電子音も相まって「できた！」という感覚を得やすいので、夏休みのラジオ体操カードにスタンプを押してもらうような達成感が味わえます。Apple Watch との連携がしやすいので手元で操作できるのも便利です。

アプリ管理のいいところは、毎日小さく達成感を味わい続けながら、さらに一カ月、三カ月、一年など、長期スパンで振り返れること。**「続けられている」ことが目に見えてわかると、自己肯定感はかなり上がります！**

それでも、まだ「早起きって難しそう……」と思っているあなたへ。

早起きは、**「早起きしよう！」ではなく、「同じ時間に起きよう」と思うようにする**と案外うまくいきます。「早起き」という重荷を背負いすぎずに、ただ決めた時間に起きるだけ。

そんなふうに気楽に捉えて、もっと軽やかに朝をスタートしてみませんか？

POSITIVE POINT

「朝の時間割」をあらかじめ決めておく！
朝イチにやることは、思考を入れずに取り組めることがおすすめ

12

二十五分間タイマーで「うだうだ時間」を減らす

休み明けに仕事のやる気スイッチが入らない。誰にだって、そんな日はありますよね。私もあります。とくにコロナ禍にリモートワークのスタイルが浸透し始めたばかりの頃は、休み明けだけでなく、平日の仕事時間中もやる気スイッチの入れ方がうまくつかめなくなって苦労した時期がありました。

でも、うだうだしている時間をなるべく減らしたい。そう思って何かよい方法がないかと探しているうちに出合ったのが、「**ポモドーロテクニック**」です。

方法はとてもシンプルで、**二十五分間集中し、その後、五分の休憩をとるという三十分単位のサイクルを繰り返すことで、集中力を維持しやすくする**というもの。脳科学的にも集中が持続しやすいとされる二十五分という単位で集中力を上げるための時間管理術として、一九八〇年代にイタリアのフランチェスコ・シリロという人によって考案された世界的に有名なテクニックですが、私はこれを、仕事スイッチを入れるためにも活用しています。

スイッチが入らない時は、うだうだする前に、**とりあえず二十五分間のタイマーをスタートしてみる**のです。

二十五分間は一つのタスクをこなすことだけに集中します。

途中でメールをチェックしたくなったり、ほかの用事を思い出したりしても、とにかく二十五分間は一つのタスクに向き合い続ける。

そして、タイマーが二十五分経ったことを告げたら**五分間の休憩を入れます**。軽いストレッチや目をつぶるなどの気分転換をして、次の二十五分間の作業に備えます。

この二十五分＋五分という三十分間の短いサイクルを繰り返すうちに、不思議と仕事のやる気スイッチも入るのです。気付いた時には「うだうだ時間」はどこかへ消え去り、無理なく仕事モードに入っています。自然と集中力が高まるため、もちろん仕事の生産性も上がります。

コツは**一回のタスク量を少なめに設定する**ことです。

二十五分で終えられそうなタスクを積み重ねることで、最初は高い山登りのように見えていた大きな目標も、無理なく達成することができます。やる気スイッチの入らない理由の一つに、**山が高すぎて頂上が見えないために、やる気が起こらない**という場合もあると思いますが、とりあえず「目の前の二十五分」だけ「小さなタスク」に向き合うことを繰り返すというこのテクニックを利用すると、山（目標）の高さを直視せずに、けれど確実に一歩一歩、頂上に近づくことができます。

そのためには、あらかじめ**タスクを細分化して管理しておく**というのもポイントになります（タスク管理のコツについては、次の項目で詳しくご紹介したいと思います）。

じつは私は、昔から一つのことに集中するのが苦手でした。

タスクがどんどん舞い込んでくると、次々に違うことが気になってしまうという、「あちこちセンサー」が発動して、その時に何をやっていたのかをすぐに忘れてしまう傾向があるのです。とくに社会人になって忙しさのレベルが上がると、自分の集中力不足をより自覚するようになって、悩んでいたことも……。

でも、自己分析を深めていくうちに、これもじつは**「強み」の裏返しである**ことがわかってきました。強み分析ツールによる分析から、私は「適応性」が高いという結果が出ているのですが、その時々に合わせて対応する適応能力が高いという性質がある反面、うまくコントロールできないと、集中力の欠如という事態を引き起こしてしまうのです。

うまく使えていない強みは、弱点にもなる。そのことを実感するわかりやすい例なのですが、だからこそ弱点をカバーするための工夫が欠かせません。

私の場合、ポモドーロテクニックを取り入れることで、あちこちに対応しようと気を散らしてしまう癖をうまくコントロールできるようになり、**「集中できない」悩みもずいぶん解消された**のではないかと感じています。

アプリもさまざま出ていて、「ポモドーロテクニック」「ポモドーロタイマー」などで検索すると複数ヒットします。私はApple Watchにアプリを入れて利用しており、日々の業務で手放せない存在です。

やる気スイッチを入れたい方や、集中できないという悩みを抱えている方は、よかったら試してみてくださいね。

POSITIVE POINT

「二十五分間」集中してみると、やる気スイッチが自然と入る! 小さなタスクを積み重ねれば、大きな目標も無理なく達成可能

13

スケジュールは詰め詰めにせずに余白を設ける

YouTubeで公開している「1週間Vlog」などを見てくれた方から、「よくこんなにたくさんのタスクをこなせますね！」と驚かれることがよくあります。

P116のコラムでも私の一日のリアルなスケジュール例をご紹介していますが、実際、平日は朝から晩までウェブ会議や打合せが続き、そのほか動画撮影やVoicyの配信……と、タスクが複数重なっている日ばかりというのが現在の状況です。

スケジュール管理の方法についてもよく聞かれるので、現在のやり方をご紹介したいと思います。

その前に、まずは過去の失敗談からお話しさせてください。

コロナ禍で、慣れない完全リモートワークに移行してすぐのことです。打合せがウェブ会議ばかりになった当初、朝から晩まで三十分から一時間単位で予定を詰め詰めにしすぎて疲弊してしまった苦い経験があります。

会議が一つ終わったら次、それが終わったらまた次……と、文字通り次から次に会議が続き、日によっては時間がずれ込んで昼食を食べる時間がとれなくなることも。本当に息をつく暇がないほどの毎日を過ごすうち、段々と追い詰められて鬱々とした気持ちになってしまったのです。

その状況をどうにか改善したくて、当時決めたルールが、打合せの時間に加えて、必ず**「プラス三十分」のバッファ（余白）時間をとってスケジュールを立てる**ことです。

打合せが時間通りに終われば、その三十分間は、一緒に仕事をしているチームメンバーとの振り返り時間にしたり、一人で議事録をつくったりと、**脳内やタスクを整理するための時間にあてることができます**。もちろん、疲れていたら休憩時間にすることもできますし、リセット後にまた次の打合せに臨めるというメリットもあって、次第に気持ちも余裕を取り戻していきました。

そんなわけで、出社がメインになった現在でも、**「予定を詰めすぎないようにする」ということをスケジュール管理の原則**として意識しています。

詰めすぎを防ぐコツとして、バッファ時間を設けることに加えてもう一点。

週のはじめに**立てたスケジュール以外に、その週には新たに予定を入れない**ことも気を付けています。打合せの打診があっても、**緊急ではないものは、必ず翌週以降の日程で調整**。今週やろうと思っていたことが、新たな予定のせいで先延ばしになった……という事態が起きないようにするためと、急なクレームなどにも即対応できる余白を残しておく狙いもあります。

スケジュール管理のツールとしては、会社用では**【Google WorkSpace】**を、自分用には**【Google カレンダー】**を使用しています。二つを連携させられるのが便利で、クラウド上で一元管理することでダブルブッキングを防げるのもよい点です。手書きの手帳を使っていたこともありますが、現在はこの方法に落ち着いています。

ちなみに、プライベートの予定、例えばライブやフェスに行くといったスケジュールもすべて個人の【Google カレンダー】にあらかじめ入れておくのがポイントです。

また、スケジュール管理用のカレンダーとは別に、タスク管理用に**【Notion】**というアプリも愛用しています。

【Notion】では、タスクのリストアップだけでなく、タスクの期限や進捗状況を「見える化」できる点や、ｉＰａｄやiPhoneなど複数のデバイスで同期して使用できる点などが気に入っていて、いつでもどこでもタスクが発生するたびに更新しています。ポンポンとメモ的に放り込んでいくイメージで、ここには時間をかけません。ただし、それぞれの**タスクをこなすのに必要な所要時間と期限**だけは、忘れずにメモしておきます。

そこから、前の項目で説明した「ポモドーロテクニック」用に二十五分間でできるタスクに切り分けて、細分化していくという作業をします（打合せなど細分化できないもの以外）。さらに、その日にやるべきタスクを取り出して、優先度の高い順にリスト化していく。これらの一連の**タスク整理作業を、毎朝のカフェタイムに行うことを日課にしています**。

面倒なように見えて、その日にできる一日分だけのタスクを取り出してみると、シンプルに上から順番にこなすだけ。**シンプル化することで、迷いなく進められ、モチベーションアップにもつながります**。

いろいろと試行錯誤した結果、現時点ではこれが私にとってはベストな方法です。皆さんの仕事内容や生活環境に応じて、使いやすそうなものがあれば試してみてくださいね。

POSITIVE POINT

バッファ（余白）時間を設けてスケジューリング！
スケジュールとタスク管理のために複数のアプリを活用

14

タスクの優先順位は二つの軸で考える

スケジュールとタスク管理の方法をご紹介したところで、複数あるタスクの優先順位の決め方について、もう少しだけお話しさせてください。

視聴者の皆さんからも、タスク管理にまつわるお悩みが寄せられることは多いのですが、「日々の業務で手いっぱいで、やろうと思っている英語の勉強が全然進みません！」「急ぎのタスクが次から次に発生してしまう」といったお声をよく聞きます。

まず、目の前にタスクがありすぎて、自分のやりたいことがついあと回しになってしまうというのは、私も含めて社会人にはありがちな事態です。おそらく同じようなお悩みをお持ちの方も多いのではないでしょうか？

タスクがたまってきたなという時、**優先順位を検討するために私が使っているのが「緊急度」と「重要度」の二つの軸で整理する方法**です。

緊急度と重要度の軸を二つ引いて、A**「緊急かつ重要」**B**「緊急ではないが重要」**C**「緊**

急だが重要ではない」D**「緊急でも重要でもない」**と、タスクを四つのマトリクスに分類してみるのです。

Aの「緊急かつ重要」の領域にあるものは、早急に対応すべき優先度の高いタスク。タスクリストの中でも、上位にくるものがこれです。

次に優先度が高いのが、Bの「緊急ではないが重要」の領域にある、重要ではあるけれど早急に対応する必要がないタスク。**すぐに成果に結びつかなくても、長い目で見ると将来を左右するようなスキルアップのための活動**などもここに含まれます。つまり、冒頭のお悩みの「英語の勉強」もこの領域です。

急ぎではない代わりに、長く続けないと習得できないことが多いので、私は**この領域のものは習慣化してしまうのがベスト**だと思っています。つまり、英語の勉強なら一日十分でも勉強時間をとるとか、毎日新しい単語を一つ覚えるとか、うんとハードルを低くして、続けやすいルーティンを決めるのです。

そして、**このルーティンも毎日のタスクリストに組み込んでしまうのがポイント**です。そうすることで、急ぎではないことでもあと回しにしない意識が高まり、例えば夜に、録画したドラマを見る時間を三十分減らして勉強時間にあてるなど、ルーティン的なタスクの優先順位を上げやすくなります。

また、CとDはどちらも**「重要度が低い」点が共通しているため、タスクの見直しが必要な領域**です。

Cの「緊急だけど重要度は低い」領域には、それほど重要ではない電話やメール対応なども含まれます。短縮できる部分がないか、効率化を図るポイントを探してみましょう。

ちなみにメール返信について、私は朝か夕方にまとめて行うことが多いのですが、**すべてのメールに「確認しました」という一時返信をなるべく早めにする**ことを心がけています。その際、発生する作業があれば、**「いつまでに」という約束を自分から伝えるか、相手に希望を確認しておくというのがマイルール**です。「のちほど」「少々」はあいまいなので、できるだけ具体的な期限を決めることが大切。その後、タスクリストに所要時間と期限のメモをつけて入れておきます。

Dの「緊急でも重要でもない」ものは、本当に必要なタスクかどうかの見直しが必要です。冒頭に挙げたお悩みのように、「急ぎのタスクが次から次に発生してしまう」と感じていても、それぞれのタスクがCやDの領域のものでないかを確認してみましょう。

それでも、こなせないほどタスクが多いと感じる場合は、**全体の仕事量が多すぎる可能性も**。どのタスクにどれくらいの時間がかかっているのか、**いったん全タスクを棚卸しするつもりで**チェックし、人に頼ったり、業務を削減したりするなど、手放せる部分がない

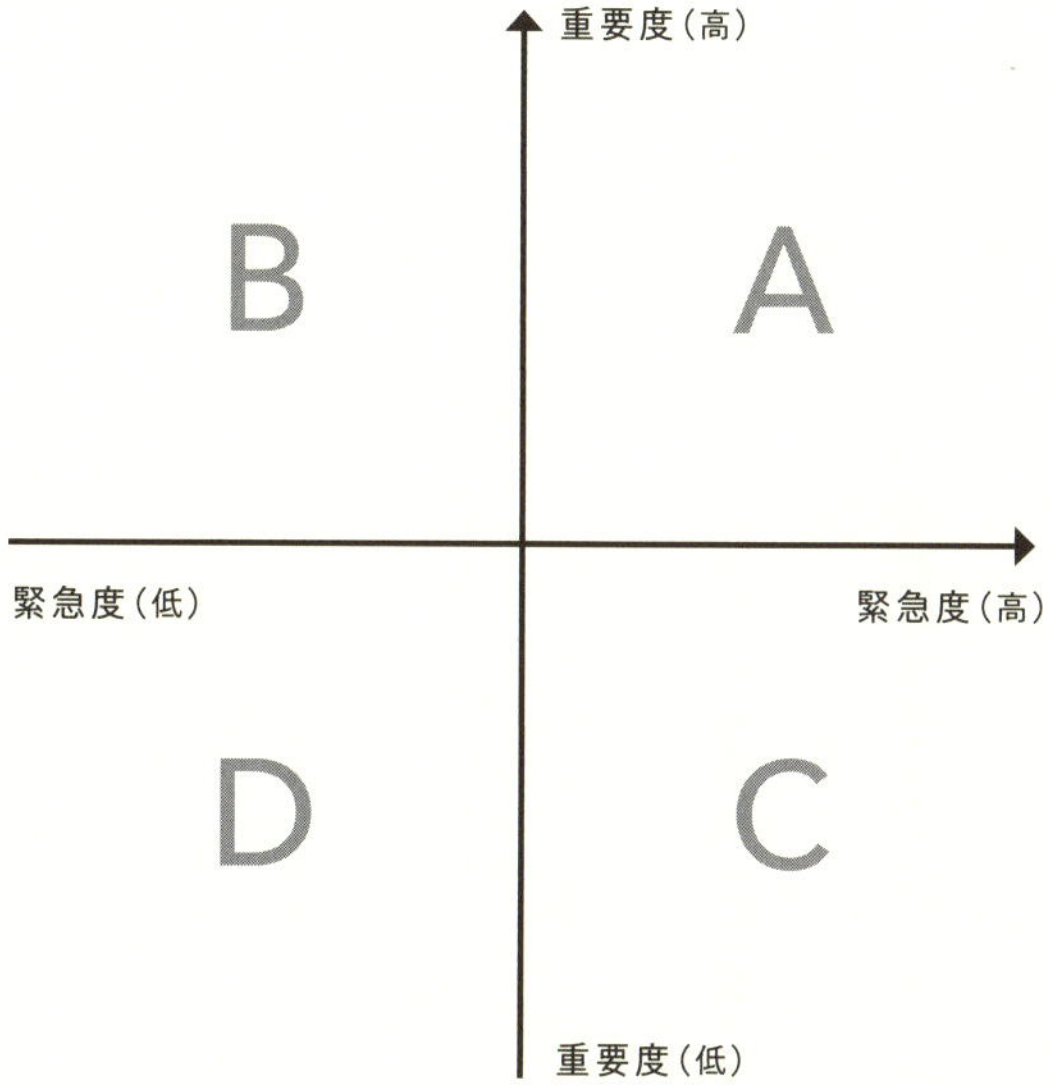

かを見直してみましょう。

このように、タスクを四つの領域に分けて考えることで、優先的に行うタスクが判別しやすくなります。優先順位の決め方に迷った時は、ぜひ活用してみてください。

POSITIVE POINT

「緊急かつ重要」なタスクを見極めよう！
タスクが多すぎる場合は業務の棚卸しと点検を

15
仕事では「代わりのいる存在」になろう！

前項のタスク管理の話とも関連して、一人でこなせないほどのタスクを抱え込まないためのコツについても、お話ししておきたいと思います。

仕事では、「代わりのいない唯一無二の存在」や「自分にしかできない仕事の獲得」を目指さなければいけないと思い込んでいませんか？

代わりができる人がいると、自分の存在意義がおびやかされる気がして不安や危機感を覚えてしまう。これは、多くの人が抱えがちな勘違いです。

一般的に、**「代わりがいる」ことはネガティブに捉えられがちなのですが、じつはとてもポジティブなこと**だと思っています。

なぜなら、**自分の役割を担える後任者がいないと、新しい挑戦やキャリアアップをする道が開けないから**です。

あなたの代わりができる人がいるということは、単にその仕事をできる人がほかにもいるという、それだけのこと。**「あなたがいなくてもいい」という意味ではありません**。また、その仕事が重要ではないとか、あなたがその役割に適していないということでももちろんありません。

「代わりがいる」のは、これまであなたが周囲に仕事内容をわかりやすく共有できていたり、人材をうまく管理できていたりした結果でもあり、むしろ、**いい仕事をしている証拠と言える**のです。

じつは私も、この勘違いの経験者です。

今の会社で執行役員になった二〇二一年二月、いきなり十名のチームメンバーを率いるリーダーのポジションに就任。チームのマネジメントをしながら、営業メンバーも足りていなかったため営業活動もして、マーケティングもして、全部私がやらなきゃ！と思い込んでタスクをパンパンに詰め込んでしまった時期がありました。

私が休むと業務がストップしてしまう。だから絶対に休むわけにはいかない！と自分自身を追い込んでいました。おかげで当時は精神的にもツラかった……。

その一方で、社内に代わりのいないポジションを得たということに、どこか安心していた面もあったように思います。

そのことに気付くきっかけになったのが、お笑いコンビ・キングコングの西野亮廣さんがVoicyで話されていたメッセージです。西野さんは、「できるようになったことはもう興味がないから、どんどん人に任せて、自分は次の新しいことをやる」ということをおっしゃっていました。

この話を聞いた時に、私は自分がすでにできるようになったことにしがみついているな、人に任せられていないな、と反省しました。

周囲にうまく頼れずに、自分だけがタスクを抱え込むからパンク寸前になってしまっていたという行動パターンに気付いて、ハッとする思いでした。

当時の私に必要だったのは、**任せられることを人にどんどん手渡して、自分は新しいことにチャレンジする時間をつくること**。それを意識するようになってから、チーム内でトレーニングを進めたり、メンバーに決定権を委任したりして、私が休んだ時も業務が回るように改革を進めていきました。

結果的にそれがメンバーの成長にもつながり、私自身も新しいプロジェクトに取り組む余裕が生まれました。もちろんプライベートの時間も増えて、精神的にもずいぶん楽になれた気がします。

特定の仕事のやり方を知っているのが自分だけという状態は、じつは会社のためになっていなかったなと、振り返ってみると思えます。

一見、「代わりのいない存在」を目指すのはよいことのように思われがちですが、実際には**業務がマンネリ化して、自分や周囲の人のキャリアを広げる機会を妨げることになってしまう**。このことをいつも肝に命じて、「代わりのいる存在」になろうと心がけています。

タスク管理の話に戻りますが、「こなせないほどタスクが多い」と感じた時は、代わってもらえるタスクは、周囲にどんどん任せていきましょう。同時に、代わりがいる環境をつくれているかを見直すことも大切です。

それが、**チーム全体のキャリアアップにもつながるポジティブな道**でもあるのです。

POSITIVE POINT

任せられることは人に任せて、自分は新しいことにチャレンジ! タスクを手渡すことは、周囲のキャリアアップにもつながる

16

人間関係にも「得意」を活かすと心が軽くなる！

人の悩みは九割が人間関係、と心理学者のアルフレッド・アドラーが言っていますが、仕事上でも人間関係のトラブルに悩んでいる人は多いですよね。

悩みを抱えていると、それだけで心が重たくなり、ポジティブスイッチはどうしても入りにくくなるものです。

どうやったら人間関係の悩みをポジティブ変換して、無理のない関係を築くことができるのか？　その切り札になるのが自分の「**得意（強み）**」なんじゃないかと思っています。

CHAPTER 1では、**自分の苦手な領域には踏み込まなくてＯＫというお話をしましたが、それは人間関係でも同じ**です。

例えば、私自身は強みの一つとして「社交性」があるため、営業先で新しい人と出会う場面ではわくわくすることが多く、**広いネットワークを築くのは得意**。その一方で、**継続**

的に親密な関係を続けるのが苦手という一面もあります。

逆に、新しい人と関係を築くのは苦手だけど、すでに知っている人とより深い絆をつくっていくことは得意という人もいます。そういうタイプに、同じプロジェクトのメンバーに入ってもらい、**私の苦手な長期的な関係構築を補完してもらう**と、よりよい人間関係を築けて、チーム全体のパフォーマンスの向上にもつながっていきます。

また、「少ない人数と深い絆を築くのが上手」という強みを活かして小さなチームをまとめて成果を出していた人が、より大きなチームのリーダーに抜擢された途端に思うように成果を出せなくなるというケースも見かけます。

「大人数と関係を築くのが難しい」という弱点があると、業務に穴が出てきやすくなるのですが、そんな時に役立つのが**「小さなチームをつくる」という方法**です。

メンバー全員を直接管理しようとするのではなく、いくつかのグループに分け、それぞれをサブリーダーに任せることで、一人一人としっかり向き合える環境がつくれます。

リーダー自身は、サブリーダーと密に連携をとることに集中すれば、**「少ない人数と深い絆を築く」という「得意」を活かしながら、チーム全体をスムーズに動かすことができます**。

もし、苦手なことに向き合いながら「全員としっかり関係を築かなきゃ！」と頑張りすぎていたら、リーダーもメンバーも負担が大きくなり、チームがうまく回らなくなるかもしれません。皆が苦しむことにもなってしまいます。

大切なのは、**自分の「得意」を活かしながら「苦手」を補い、**無理のない形でチームをまとめること。**「苦手」を伸ばそうと無理をするのではなく、自分の強みを発揮しながら状況を改善する道を選ぶことで、全体のチームワークが円滑になる効果も期待できる**のです。

じつは、このやり方は、**仕事をスムーズに進めるためだけでなく、人間関係のトラブルを防ぐためにも大切なこと**だと思っています。

「この人は◯◯が苦手だから困る」「自分は◯◯が苦手だから自信が持てない」と、「苦手」に注目して批判したり、落ち込んだりするのはトラブルの種になってしまいます。自分や他人の「苦手」を見つめる必要はありません。

大切なのは、お互いに「得意」を尊重し、パートナーシップを築くことです。

もし、あなたが人間関係に関する「苦手」を自覚して悩んでいるなら、このように「得意」に注目して悩みを軽くする道がないか、考えてみてください。

例えば、人見知りの性格で、パーティや異業種交流会のような知らない人が大勢いる場が苦手という悩みを抱える人は多いものですが、「たくさんの人と出会わないといけない！」と考えて無理をすると、苦しくなってしまいます。

それよりも、**「自分ができること」や「得意なこと」は何だろう？**とちょっと視点を変えてみる。「今日は少数の人をターゲットに絞ってみよう」「隣に座った人と仲良くなってみよう」などと、無理なくできそうな方法から試してみて、自分にとってしっくりくるやり方を見つけられると、「苦手」を「得意」に変えられるかもしれません。

もちろん仕事ができる人ほどたくさんの役割を求められて、分業してうまくやっていくことが難しい場面もあるでしょう。

でも、**「苦手」な部分で自分を責めるのではなく、自分の「得意」を活かしてもっと成果を上げられないか**という視点で捉え直すことで、**気持ちはグンと軽くなる**。それによって、仕事も**ポジティブな方向に進んでいく**のではないかなと思っています。

POSITIVE POINT

自他の「苦手」に注目しないのが、人間関係を円滑にする秘訣
「得意」を活かして成果を上げる方法を探れば悩みが晴れる！

17 苦手な人が苦手じゃなくなる二つのコツ

職場に苦手な人はいますか？　仕事先の担当者がパワハラ気味で苦手、クレーム電話をしてくるお客様が苦手……という悩みを抱えている人もいるかもしれませんね。

もちろん私も「ちょっと苦手……」という感情を持つことはありますが、そこで関係がストップしてしまうのももったいないので、どういうふうに接するとポジティブに捉えられて、自分自身も楽になれるかを工夫するようになりました。

私が意識しているポイントを二つご紹介したいと思います。

一つ目は、**「人」に目を向けるのではなく、「こと」に目を向ける**こと。

何か問題が起きた時に、誰かのせいだと「人」に問題を押し付けるのではなくて、その問題が生じたシステムのほうを改善しようというのは、仕事術としてもよく言われること。

それは、人間関係でも同じことが言えるのではないかと思っています。

例えば、上司から何か注意を受けた時に、「言い方がキツくてイヤ」「ああいう発言をする人の下では働けない」「もう会社に行きたくない……」と、上司という**「人」に対して反応して、ネガティブな感情を募らせがち**です。

でも、その上司に対する反応が生じた背景には、**必ず何らかの「こと（事象）」が原因としてあるはず**。そこにふたをして、「イヤな人だ」とレッテルを貼っているだけだと、それ以上のコミュニケーションが生まれなくなるばかりか、肝心の「こと」の部分が見えなくなってしまうこともあります。

感情的になってしまうと、ついもとの問題点を見失って、相手の言い方や反応ばかりが気になってしまいがちですが、**「言い方が苦手」「相手の反応の仕方がイヤ」といった感情は、「人」の部分に対して抱くもの**です。そこを「イヤだ」と感じるかどうかは自分の気持ち次第でもあるので、ちょっとクールダウンして、**「この人はあのことに対して怒っているんだな」と冷静に「こと」のほうだけを見つめるように意識してみる**と、感情が振り回されない分、少し気が楽になるのではないかと思います。

二つ目は、**苦手な人には、毎回「新しく出会う人」だと思って接する**こと。

人の心は刻一刻と変化しているものです。昨日クレームを言ってきた人が、次に話す時はまったく怒っていないということもよくあります。連絡しづらいと思っていた相手に思い切って連絡してみたら、案外いい人だったということも多いもの。さらに、相手の新たな一面を知って、以前より親密になれることだってあります。

過去の印象を引きずって、「この人は怖い人だ」「苦手なタイプだ」と思って接すると、その時の気持ちから離れられず、コミュニケーションが最初から後ろ向きになってしまいます。その結果、「もう、この人とはしゃべりたくない」「やっぱり苦手だな」という結論に着地してしまいがちなのです。

苦手な人に対しては、前の印象をいったんリセットするつもりで、毎回**「新しい人」と接するという意識を持つ**こと。そうすると、自分から積極的にコミュニケーションがとりやすくなり、**ポジティブな展開につながることも案外多い**のではないかと思っています。

POSITIVE POINT

「人」ではなく「こと」に目を向けると、「苦手」がやわらぐ
苦手な人とは、毎回「新しい人」と接する気持ちで!

18 ネガティブな愚痴は改善につながるかを判断

職場において、ネガティブ要素の一つである「愚痴」。

エンドレスに愚痴を言い続ける「職場の悪口大会」は、本人たちにとってはストレスのはけ口という一面もあるのかもしれませんが、私自身は昔から苦手です。

とくに、本人のいない場での悪口（言うことも聞かされることも）が好きではありません。できれば、そういう場からはスッと身を引きたいところなのですが……。

マネージャーとして部下の愚痴に耳を傾ける場面もあり、改めて愚痴について考える機会が増えました。

そこで大切にしているのが、**愚痴の種類によって必要な対応を見極めること**です。

まず、愚痴の内容が、**ただの不平不満なのか、それとも何かを改善しようという思いからくるものなのか**。この二つは大きく違うので、見極める必要があると思うようになりました。

ただし、不平不満を言っている場合でも、その人自身の悩みからくるものであれば、できるだけ寄り添ってあげることが大事です。

でも、ベクトルが他人に向いている場合は別。

会社の仕組みや社外の方々への不平不満、社内の人の悪口、といった内容にどこまで付き合うべきか。私自身、かなり悩んだ時期がありました。

そこで、必ずするようになったのが、**「これから、どうしたらいいと思いますか？」**という質問です。

単に不平不満を言いたいだけという人の場合は、この質問をすると大体が答えられません。不満の先に、「何をどう改善したいか」という気持ちがないからです。このタイプの愚痴には、私は時間を割いて付き合う必要はないと考えています。

チームとしては、「成果を出す」というのがみんなで共有している大きな目的です。不満や愚痴から始まった話も、ベクトルが、成果を出すための「改善策を考える」という方向を向いているなら、とことん話し合う意味があると思っています。

もし、**「こうしたい」という具体的な提案があれば、さらに前向きな解決策を考えていけるから**です。

職場での愚痴は、**ただの他者批判や責任転嫁で終わるものなら、深く関わらずさらりと流す。解決策や前向きな展望につながる話であれば、しっかり耳を傾け、できるだけポジティブな方向に導いていくことを意識しています**。

私の場合は、マネージャーという立場からというのが基準になっていますが、人それぞれの目的やミッションに合わせて、判断基準を考えてみてくださいね。

POSITIVE POINT

「ただの不平不満」や「他者批判の愚痴」は聞き流す
改善策につながる愚痴には、耳を傾け話し合う

19

「相手を変えたい」願望を完全に手放す！

私がマネージャーというポジションに就いた当初、一番うまくいかずに苦労したことは、たくさんのチームメンバーをまとめることです。当時の私は「あの人のここを改善したい」「この考えは改めてもらいたい」「もっとこうしてほしい」というような、**「相手を変えたい」**という思いであふれていました。

メンバーからすると、自由に主張しにくい雰囲気を感じていたと思いますし、私に対しても「価値観を強引に押し付けてくる人」「あまり話を聞いてくれない人」というイメージだったと思います。今振り返ると、マネジメントが未熟だったなと思えるのですが、当時はとにかく必死でした。

うまくいかない解決策を探ろうと、マネジメントに関する本をさまざま読んでいたのですが、どの本にも「**相手を変えようとしないこと**」の重要性が説かれていて、なるほどなと納得したのでした。

相手を変えようとせず、自分に目を向けることが大切だという先輩たちの教え通り、「まずは自分から変わる」ことを実践してみました。

ところが……ここにも落とし穴があることがわかりました!

例えば、**「元気よく挨拶する」「時間を守る」「会議中に積極的に発言する」**など、まず自分が変わろうと思って、自ら実践してみる。そうすると、**次は「自分が変わったのだから、まわりも変わるはず」という期待が生まれてしまう**ことに気付きました。

「私はこんなに変わったのに、まわりの人は全然変わっていないじゃない! どうして?」

そんな心境に陥ってしまったのです(今思い返してみると、なんて思い上がった考え方だったのだろうと恥ずかしいほどですが……)。

これでは、結局相手を変えようとしていた当初と何も変わっていません。

その後、打開策が見えたのは、ある二人の経営者のお話を伺ったことがきっかけでした。

一人は、会社の掃除を「自分磨き」として楽しんでいて、ほかの社員がやるかどうかにはこだわっていないとお話ししてくださった方。

もう一人は、自らの成長のためにと経営セミナーに自ら楽しんで通っているうちに、かつては誘っても参加を拒んでいた社員も一緒に学びたいと申し出る結果につながったというエピソードを教えてくださった方でした。

この二人に共通していたのは、自らが「楽しんで」やっているという点。**「自分が楽しむ」ことだけに意識を向けていて、他者への期待や強制が一切ありません。**「自分がお手本を見せる」という姿勢ではなく、まず「自分が楽しむ」ことが最優先。

それによって、何よりも**自分自身の気持ちが楽でいられる。自然とポジティブなムードをまとえるようになり、それが周囲にも伝わって全体的に雰囲気がよくなるというポジティブな循環が生まれます。**

このメリットは大きいなと、私にはとてもしっくりきました。


そのことに気付いてからは、**「自分が楽しむ」姿勢**をいつも意識するようになり、以前のような「相手を変えよう」という気持ちは自然と消えていきました。

例えば、朝の挨拶。元気に「おはようございます！」と言えると気持ちいいという価値観が私の中にはありますが、以前なら、目も合わせないでモゴモゴと小さな声で挨拶する人には「もっと元気に挨拶しようよ！」と言いたくなることもありました。

「自分が楽しむ」ことを最優先にすると、**ただ単に自分が明るく挨拶していると楽しいからそうしているだけ**と思えるようになってきました。さらに、もし「晴菜さんっていつも元気な人だね」とひそかに思ってもらえていたとしたら、それだけで明るいムードがまわりに伝わっている気がしてとても嬉しいです！

まだ未熟なことも多いのですが、相手をどうやって変えようかと悩んでいた時期に比べると、**「自分の心地よさや楽しさ」に目を向けようと意識し始めてから、チーム内のコミュニケーションは、グッと円滑になった**ように感じています。

マネジメントの観点からだけではなく、職場のコミュニケーション全般に活かせる基本姿勢と言えるかもしれません。もし、職場で「変わってほしい相手」との関係に悩んでいる人がいたら参考にしてもらえると幸いです。

POSITIVE POINT

「相手を変えたい」気持ちは消し去る！
「自分が楽しむ」ことに目を向けたほうが楽になれる

20 ポジティブ変換できる言葉のマジック

前項でお話ししたように、「相手を変えようとしない」ことを基本姿勢にしつつも、チーム全体を動かしていくためには、相手のエネルギーになるような声かけが大切な場面もあります。

何気なく発した言葉が、相手にとってはプラス面でもマイナス面でも心に残るもの。マネージャーや役員という立場になってから、一段と言葉の重みを感じるようになって、できるだけポジティブな言い回しを工夫するようになりました。

例えば、いつも心がけている褒め方があって、それは**相手の特徴を捉えて「称号を与える」こと**。これは、『手紙屋〜僕の就職活動を変えた十通の手紙〜』（喜多川 泰／著）という小説からヒントをもらって、取り入れるようになった方法です。

相手のいいところを見つけた時に、「すごいですね！」「頑張っていますね！」とストレートに褒めるのもいいのですが、さらに**その行動を続けたくなるような声かけ**をプラス。その人の特徴を、「交渉の達人」「会社のムードメーカー」などと、具体的な「称号」とともに明確に伝えます。


「やっぱり**整理整頓といえば**、◯◯さんですよね！」

「△△さんは、この部署の**調整役として**本当に頼りになりますね」

のように、「〜といえば、あなた！」というメッセージを伝えるのです。

相手の**自信ややる気を引き出し、よりその行動を続けたくなる**という狙いがあります。

さらに、

「あなたは絶対に**約束を破らない人**だと思っている」

などと、今はまだ完璧にはできているという確証がないことでも、未来に向けて称号を付けてあげることもできます。


小さい頃からダメ出しばかりされて、頭の中がネガティブな称号だらけになっている人も多い世の中ですが、もっと**ポジティブな「言われて嬉しい称号」**を与えていくことが、相手を動かすことにもつながっていくように感じています。

このように、ちょっとした言葉選びの工夫が、コミュニケーションの円滑化につながることは多いものです。

ネガティブな雰囲気になりそうな場面でも、**ポジティブな言葉一つで明るい空気にガラッと変わる**。そんな言葉のマジックを大切にしたいと考えています。


私が、普段から使っているポジティブ変換できる言葉（ポジ変言葉）をいくつかご紹介しますね。

まず、なんと言ってもネガティブになりやすいのがトラブル発生時。

「大変です！」「困ったことが起きました！」などと言うと、相手もドキッとしてしまうものですが、代わりに**「おもしろいことが起きました！」「エキサイティングなことになりました！」**などという表現を使います。暗いムードにならないように、明るいトーンで言うのもポイントです。

また、かなり忙しい時やピンチの時などには、**「盛り上がってきました！」**という言葉もよく言っています。

逆に、言わないように気を付けているのは、トラブルの報告を受けた時に**「なんで？」**と聞き返すこと。言われた相手は責められていると感じて一気にトーンダウンしてしまうからです。代わりに、**「何があった？」**と聞き返すようにしています。

同じように原因を追及する質問でも、Ｗｈｙ？（なぜ）よりも、Ｗｈａｔ？（何）で聞くほうが、より客観的な視点を持ってもらえるように感じています。

実際に私が使っている言い回しの例を少しだけご紹介しましたが、ほかにも、試行錯誤しながら、よりポジティブになれる言葉選びを日々心がけています。

皆さんの毎日に活かせる「ポジ変言葉」も、ぜひ探してみてくださいね。

POSITIVE POINT

相手に「ポジティブな称号」を与えて褒める

明るい空気に変える「ポジ変言葉」を使う

21 「話す力」以上に「聞く力」を大切にしよう

私は職場やＳＮＳなどで「よく話す人」と思われているためか、「どうすれば話し上手になりますか？」というご相談をいただくことが多くあります。

ですが私も、東京から大阪に引っ越した当初は、まわりの関西の方々の話がおもしろくて、自分がその場にいると、「私は何もおもしろい話ができない……」と悩んでしまうこともありました。

ですので、「話せない」お悩みを抱える人の気持ちはよくわかります。

当時、コミュニケーションが上手な人を観察したり、本やセミナーなどで自分なりに勉強したりしていたのですが、その中でたどりついたのが、**コミュニケーションは「話すこと」と「聞くこと」の両方で成り立っている**という、当たり前のようで見落とされがちな事実でした。

日常の中でイメージしてもらうとわかりやすいと思うのですが、**人は自分のことをよく理解してくれる人の話に耳を傾けやすい**という傾向があります。

例えば、自社のことをよく理解してくれる営業担当者の提案や、自分のことをよくわかってくれている上司の指摘は受け入れやすく、逆に、いくら話し上手な上司でも、自分のことばかり話していたり、こちらのことをよくわかってくれていなかったりすると、アドバイスを受け入れにくいということがあります。

そう考えると、相手のことを知ったり、知るために質問をしたりして、**相手への理解と信頼関係を深めるという土台があった上で、初めて「話す」力が発揮される**のではないかと思うようになりました。

ビジネス書の名著として有名な『人を動かす』（D・カーネギー／著）という本の中でも、「人の話を聞くことで人生の八割は成功する」と語られています。

ところが、多くの組織では、「聞く」スキルについて注目される機会というのはあまり多くないかもしれません。

「伝える」スキルに焦点を当てたトレーニングや、プレゼンやスピーチなどの「話す力」への評価はあっても、「聞く力」を鍛えたり評価されたりという機会は、少ないように感じています。

そこで、私が意識している「聞き上手」になるためのコツをお伝えしたいと思います。

大切なのが、質問する内容です。

質問には、**思い出せば答えられる質問と、考えなければ答えられない質問**という二種類があります。最初からいきなり後者から始めてしまうと、相手を困らせてしまい、会話が盛り上がりません。

まずは、**思い出せば答えられる質問を重ねながら、一緒に頭の中に考えるための素材を揃えていく。材料が揃ってから、聞きたいことに踏み込んでいくという二段階で質問していく**と、相手も答えやすくなりますし、こちらも聞きたかった内容を聞き出すことができます。


わかりやすい例として、彼氏ができたという人に質問する場面を思い浮かべてみてください。いきなり「どんな彼氏？」と聞くと、考えなければ答えられない質問のため、何から話し始めていいのかまとめにくい。「付き合い始めたきっかけは？」「いつ頃から付き合い始めたの？」などと、すぐに答えられる質問から始めていくと、会話を展開しやすくなります。

ビジネスの場でも、**「きっかけは？」や「いつ頃から？」という聞き方は、相手から答えが得られやすい、会話の切り札**として使えます。過去の話から今の課題の質問に移り、未来に向けた話につなげていくというイメージです。

話すのが苦手と思っている人も、聞くことなら得意かもしれないし、これまで聞くことについて意識してこなかったという人は、これからもっと伸ばしていけるかもしれません。希望を持ってくださいね。

逆に、話すのが得意という人も、**「聞く力」にも目を向けて、相手への関心や共感をもとに会話を広げていくと、よりコミュニケーションがスムーズになる**と思います。

POSITIVE POINT

「話す」のは相手との信頼関係を築いてから。まずは「聞く力」が大切！会話は、「思い出せば答えられる質問」から始めると盛り上がりやすい

22

人前で話す時の緊張は「台本ノート」で軽減！

会話における「話す力」の苦手意識は、「聞く力」を伸ばすことが大切というお話をしましたが、人前で一人で話さないといけない場面となるとまた別です。

普段の会話では話すのに困らなくても、プレゼンなどで人前に立って話したり、会議などで発言したりする時は緊張してしまい、自分の思っていることをうまく話せないという人は多いかもしれませんね。

私は人前で話す機会が多いほうなので、「どうしたら緊張しなくなりますか？」と相談されることもあるのですが、正直に言うと、私も毎回緊張しています！

一説によると、「人前で話す時に緊張せず、話すのが得意」と自覚している人は、社会人の一割にも満たないそう。私も残りの九割の皆さんと同じというわけです。

だからこそ、緊張することを克服しようとするよりも、**緊張することを「事実」として受け入れる**ことにしました。「緊張するのは当たり前」なのだから、それを克服するのは難しい。では、**どうしたら緊張をカバーできるだろう？**と考えるようになりました。

今のところたどりついた答えは、「**しっかり準備すること**」です。

例えば、営業担当としてサービスの説明をしなければいけないプレゼンなどの機会がある時は、話したいことを全部書いたノートやスマホメモを用意していました。

いわばプレゼン用の「**台本ノート**」です。

ウェブ会議が多くなり、会議中も台本ノートを見ながら話していることもありましたが、以前は、**台本ノートをひたすらくり返し読んで、暗記するくらい練習をしておく**という準備をしていました。帰宅してからも、お客様がいるように見立て、何度もくり返し自主練。さらに、大切なプレゼンの前には、**上司の前でリハーサルをさせてもらう**こともありました。フィードバックをもらえると、それを本番に活かせるのでありがたいという一面もあります。

さらに、会議の最後に感想を聞かれた時のための発言案や、打ち上げやちょっとした飲み会の場で挨拶を求められた時に使えそうな一言なども、ノートの隅にじつは全部メモしています。突然振られて、即答しているように見えることも、**事前に「こう言おう」と準備していた**ということも多いです。会議中も、発言を求められた時のための「発言用メモ」

をひたすら書いています。

ほかにも、社内の定例会議では、持ち回り制の三分間スピーチをする時間があるのですが、その担当になった時も、いつも台本を準備して臨みます。

YouTubeやVoicyでも、最初の頃は、必ず台本をつくり込むようにしていました。今は、だいぶ慣れてきたこともあって、一字一句原稿を書いているわけではないのですが、話す内容や流れをメモしたものは、いつも必ず用意しています。

発信している内容だけ聞くと、突然ペラペラと話しているように見えるかもしれないのですが……。

もちろん即興でうまく話せる人もいるかもしれませんが、私自身はカメラなどが回ると途端に言葉が出てこなくなることがあって、逆に撮影や収録自体がストレスになってしまうことに気付きました。**楽しく話し続けるためにも、とにかく「しっかり準備しておく」という方法が私には合っている気がします。**

「台本ノート」は、一見面倒に思えるかもしれませんが、ノートにまとめることで話の整理ができ、迷わずスムーズに話せるようになるので、じつは効率的です。箇条書きでも文章でも、自分が書きやすい形で試してみてください。

話すのが上手な人に出会うと、どうしても「すごいな」「うらやましいな」と思ってしまうかもしれませんが、もしかしたらその人も、見えないところではたくさん準備をしているかもしれません。過去にいろいろな練習を重ね、経験を蓄積した結果が、今の姿なのだろうとも思うのです。

「人前で話すのが苦手」と自覚している人が、いきなり「上手に話せる人」になることを目指すのではなく、「今自分ができる準備は何か?」と考えて、一歩ずつ経験を積み重ねていくことが結果につながると感じます。

もう一点。話したあとに「あれを言わなきゃよかった」「こう言えばよかった」といつもクヨクヨしてしまうという人に。自分が思っているほど、**人はあまり細かい発言内容まで覚えていないものです。**あまり深く思い悩まずに、自分の中だけで反省点をまとめ、次回に活かしてくださいね。

POSITIVE POINT

緊張はして「当たり前」と思って受け入れよう
事前の準備で緊張を減らそう。「台本ノート」も有効!

23

「感情」と「意見」を切り離すと議論が楽に！

よく「日本人は議論が苦手だ」と言われますが、皆さんはいかがでしょうか？

じつは私は、もともとディスカッションに対して苦手意識がありました。

強み分析ツールの診断でも、「共感性」が高いという結果が上位にあるのですが、それが逆にディスカッション時には邪魔して、つい目の前の人の感情やまわりの事情に共感してしまう傾向があったのです。

反対意見を伝えると相手が傷ついてしまうんじゃないかと不安になったり、まわりの人の議論が敵対し合っているように感じて心がざわざわしてしまったり……。その結果、自分の意見を言えずに、流されてしまうということもありました。

ただ、役員という立場になって、やはりそれではさすがにまずいと思っていた頃に、組織開発のコンサルティング会社の人から受けたアドバイスがとても役立ち、ディスカッションそのものの捉え方が変わるという体験をしました。

そのアドバイスは、「**感情を抜きにして、もっと意見をぶつけ合いましょう**」というもの。「感情を抜きにする」というのがポイントで、「感情」は好き嫌いといった気持ちの問題、「意見」は冷静な分析に基づくもの。「感情」をぶつけ合うのではなく、「意見」でとことん議論するべき、というアドバイスでした。

感情を抜きにしていれば、終わったあとにギスギスした空気になることもなく、**「いいディスカッションができたね！」と言って、いつも通りの関係に戻れるようになる**、と。

言われてみれば、私はいつも相手の気持ちばかり気にしていて、「感情」と「意見」がごちゃまぜになっていました。反対する＝嫌われる、意見を言う＝相手を否定して悲しませてしまう、というふうに、**「意見」と「感情」を結び付けてネガティブな方向に捉えてしまっていたから、肝心の自分の意見をきちんと深めて相手に伝えるということに集中できていなかった**のです。

目的は「意見をしっかり伝える」ことであって、相手へのリスペクトは変わらない。そこに感情を介在させなければ、反対することで、相手を攻撃していることにはならないのです。

つまり、**反対意見を言う人が自分の「敵」というわけではないということ。**

このことを意識するようになって、以前よりポジティブな気持ちでディスカッションに臨めるようになりました。

もちろん、この「感情」と「意見」を切り離すというやり方は、自分だけではなく、相手からの理解がないと、なかなか難しいことでもあります。

意見を伝える際の前置きとして、「あなたのことを否定するわけじゃなくて、◯◯について私の意見を話させてもらうと……」という感じで、**少しずつ「感情」と「意見」を切り離す議論の文化をつくっていくように仕向けると、より前向きなディスカッションができる雰囲気になっていく**のではないかと思います。

私自身も、「感情」と「意見」をうまく切り離せるように、まだまだ練習中ではありますが、このことを意識するだけで、**反対意見を言ったり言われたりする際に、気が楽になってきた**のは確かです。そして、ディスカッションの場に限らず、人間関係で生じるさまざまな問題に直面した時にも役立つ姿勢だと感じています。

POSITIVE POINT

自分と意見が違う人を「敵」と思わない！

「感情」と「意見」を切り離すと健全な議論ができる

24

心地よい「コンフォートゾーン」を抜け出そう！

自分を成長させてくれる仕事には、「試練」が付きものです。あなたはこれまで、どんな「試練」と向き合ってきたでしょうか？

振り返ってみてください。新入社員の頃は会社に行くこと自体が「試練」だったはず。毎日新しいことの連続で、不安や緊張もあるし、うまくいかなかったり怒られたりもする。会社という新しいカルチャーに溶け込むまでに、いろいろなストレスを感じていたのに、気付いたらいつの間にか慣れていたという人も多いのではないでしょうか？

この**「試練」と「慣れて楽になる」という繰り返しで、人は成長していく**という話を、私は新人研修の時に教わり、当時はあまりピンとこなかったのですが、さまざまな経験を重ねた今なら身をもって理解できます。

人が成長するプロセスを、三つのゾーンにわけて考える概念があります。

一つ目は「**コンフォートゾーン**」で、安心できる居心地のよい領域。
二つ目は「**ラーニングゾーン**」で、未知の領域。人がもっとも成長できるのがここ。
三つ目は「**パニックゾーン**」で、ストレス過多で成長どころではない領域。

新入社員の場合なら、はじめは**会社に行くこと自体が未知なるラーニングゾーン**だったところから、**成長して不安やストレスが減り、コンフォートゾーンに移った**と言えると思います。

コンフォートゾーンにいる間は、今身につけているスキルでこなせるためにストレスが少なく、身を置いている状況や環境を心地よく感じます。人から褒められたり、尊敬されたりすることも多いかもしれません。

ただ、コンフォートゾーンというのは、**一見、居心地はよいものの、いわばぬるま湯に浸かっている状態なので、そこにとどまりすぎると退化してしまう**という危険もはらんでいます。また、居心地のよい場がずっと続くとも限りません。

一方、ラーニングゾーンでは、**居心地のよい状態から一歩踏み出した領域に移ることで、今まで持っていた自分のスキルがあまり通用しなくなります。**

新しい方法を模索しながら、今まで持っていなかったスキルを身につけていく必要があるため、その過程では痛みを伴うし、当然失敗もします。

一言で言えば**「試練」のゾーンであり、苦しい時間**とも言えるのですが、新しいチャレンジを重ねて試練を乗り越えていくうちに、**大きく成長できるチャンス**でもあります。

私の場合も、転職したて、マネージャーになりたて、役員になりたてなど、初めてのチャレンジの際は、それまでのコンフォートゾーンから、新しいラーニングゾーンに移ったのだと捉えています。

さらにパニックゾーンまでいくと、コントロールが利かない世界になって、最悪の場合は冷静さを失ったり、心身に不調をきたしてしまったりもします。この領域に踏み込みそうになったら、身を引く必要があります。

三つのゾーンのうち、自分が今どこの領域にいるかを、常に意識しておくことが大切です。もしコンフォートゾーンにいるなと思ったら、ラーニングゾーンを探してみる。慣れてきてまたコンフォートゾーンに移ったら、次のラーニングゾーンを探すというように、**常にラーニングゾーンに身を置くように意識することで、人はどんどん成長し続けられる**

のです。

この仕組みを知っておくと、例えば昇進や転職などで新しい環境に移った時に起こりがちな、「なんだかうまくいかない」という状況も理解しやすくなります。

今までの実績が評価されて抜擢されたポジションや転職先のはずなのに、新しい環境でやってみると案外うまくいかないものです。そういう時に、**「自分には向いていないんじゃないか」「きっと自分が悪いんだ」**と自信をなくしてしまう人は多いのですが、自分を責める必要はありません。

うまくいかなくなったのは、単に**新しいラーニングゾーンに移った**というだけのこと。だから、今は失敗やツラいことだらけだとしても、そこを少しずつコンフォートゾーンに変えていけばOK。**乗り越えたら、大きな成長が待っています！**

そう解釈するだけでも、気持ちが少し軽くなる気がしませんか？

失敗や試練をネガティブにではなく、成長のチャンスであるとポジティブに捉え、成長を楽しみましょう。

POSITIVE POINT

「試練」は成長をもたらすチャンスと捉えよう

うまくいかないのは、成長のための「ラーニングゾーン」にいる証拠！

25 キャリアアップに迷った時は？

キャリアアップや転職活動についても相談を受けることが多いのですが、**業界や職種をガラリと変えたいという場合は、それなりに覚悟が必要**です。

例えば私の場合は、同じＩＴ業界内での転職経験が一回ありますが、一社目での経験やスキルというベースがあった上で二社目に移りました。これは、業界や職種を変える「**転職**」というよりも、職はそのままで会社だけ変わる「**転社**」と呼んだほうが適切かもしれません。

例えば、営業からエンジニアへのキャリアチェンジなど「転社」ではなく「転職」を目指している場合は、**自分が今まで積み上げてきたスキルをそのまま活かすことができません**。

そのため、採用時には、その人が新しいことにしっかり取り組めるかを見極められることになります。教育に時間を割いている余裕がない会社の場合は、そもそも採用のハードルがかなり高いと言えるでしょう。

運よく採用された場合も、入社後に新しいことを学ぶという試練が待ち受けています。また、その職種でのスキルがゼロからのスタートとなる場合は、給与などの条件面も、前職より下がってしまう可能性が大きいです。

これらのことをふまえた上で、それでも転職したい気持ちがあるかどうか？

まずは、それを自問自答してみてください。

その答えが、**「やっぱり挑戦してみたい！」という強い気持ちであるならば、チャレンジしてみることは素晴らしいこと**だと思います。挑戦の先には、必ず成長がありますから！

そのほかの選択肢として、**職種は変えずに、業界だけ移る**という方法もあると思います。

例えば、前職で医療関係の受付として働いてきた人が、IT企業に移りたいという場合です。いきなりITエンジニアになるのは少しハードルが高くても、IT企業の受付や総務の職を探してみると、希望の道につながる足がかりになるかもしれません。

このように、それまでのスキルを活かしてまず別業界に入ってみて、そこで業界の知識を深めながら、目指している職種の勉強もするという、**段階を踏んだ進め方**がおすすめです。

また、**社内でキャリアアップする**という道も探ってみてください。

私自身も、一社目ではIT企業の営業職で、二社目に移った時も営業職、そのあとはマネージャー、そして現在は役員と肩書きが変わっています。

営業とマネジメント、役員ではそれぞれ求められるスキルがまるで違い、いわば、**社内で転職をしてきたような感覚**です。そのたびに本やセミナーなどを通して一から新しい学びを重ねてきました。

「転職」か「転社」か、それとも「社内でキャリアアップ」なのか?

どの道を選ぶかを考える際に大切なのは、**自分が何にチャレンジしたいのかという希望を整理**してみること。決断に迷った時は、**「楽しそう」「自分の得意を活かせそう」と胸が躍るほうを選んでみる**といいでしょう。

これから進むべき道に迷っている人の参考になればと思います。

POSITIVE POINT

「転職」に悩んだら、「転社」や「社内でキャリアアップ」の道も検討を

決断に迷った時は、胸が躍るほうを選択してみる!

Daily Schedule

私のオンとオフ!「一日スケジュール」

On Time
仕事の一日

5:00	起床	起きたらすぐに白湯を飲む!
5:10	ストレッチタイム	
5:20	着替えてウォーキングへ	
6:00	Voicy「朝活ラジオ」生配信	
6:45	英語の勉強	
7:00	シャワータイム	
7:15	スキンケアタイム　メイク/ヘアセット	
8:00	朝食	16時間ファスティング用の酵素ドリンクを飲む
8:30	着替え	
9:00	カフェで朝活	仕事前のタスク管理タイム
9:45	出社	
10:00	朝礼	
10:30	ウェブ会議①	
11:00	ウェブ会議②	商談や打合せなど、連日4、5本はこなす
12:30	ウェブ会議③	
13:00	ランチ	会社のメンバーと近くのお店でランチ
14:00	ウェブ会議④	
15:00	YouTube収録	社内メンバーとともに最新のIT機器を紹介!
16:00	作業タイム	プロジェクトメンバーの相談にも乗りながら作業
17:00	ウェブ会議⑤	
18:00	作業タイム	

平日はIT企業役員として働きながら、YouTubeやVoicyの発信もしています。私のオンタイムとオフタイム、それぞれの代表的な一日の流れをご紹介したいと思います。

19:30	業務終了
20:10	帰宅
20:30	夕食
21:00	入浴
21:30	美容タイム
22:00	英語の勉強
22:20	ストレッチタイム、日記など
22:40	就寝

髪の毛を乾かしながらフェイスパックも！

【スピーク】というアプリで勉強中

Off Time
オフの一日

9:30	起床
9:45	着替えて運動やウォーキングへ
11:00	帰宅後、掃除
12:00	自宅で軽めにランチ
13:30	買い物へ
16:00	サウナへ
19:30	帰宅後、夕食
21:00	YouTubeをかけながらゆるゆると作業
22:00	Voicy収録
22:30	ベッドに入りゆるゆるタイム
23:30	就寝

音楽をかけて気分を上げながら

撮影用SDカードの整理など

日記を書いたり、読書をしたりなど

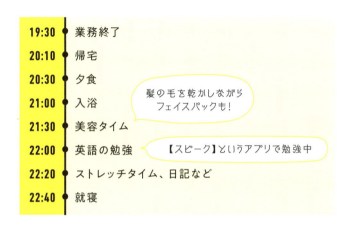

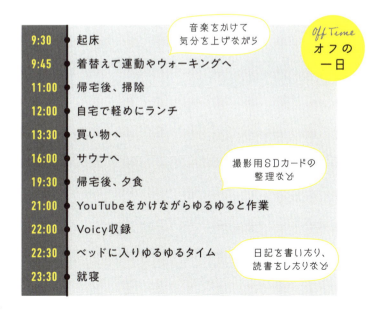

特別公開その1【Streaks】の使用画面

達成感を得られる
月間カレンダー

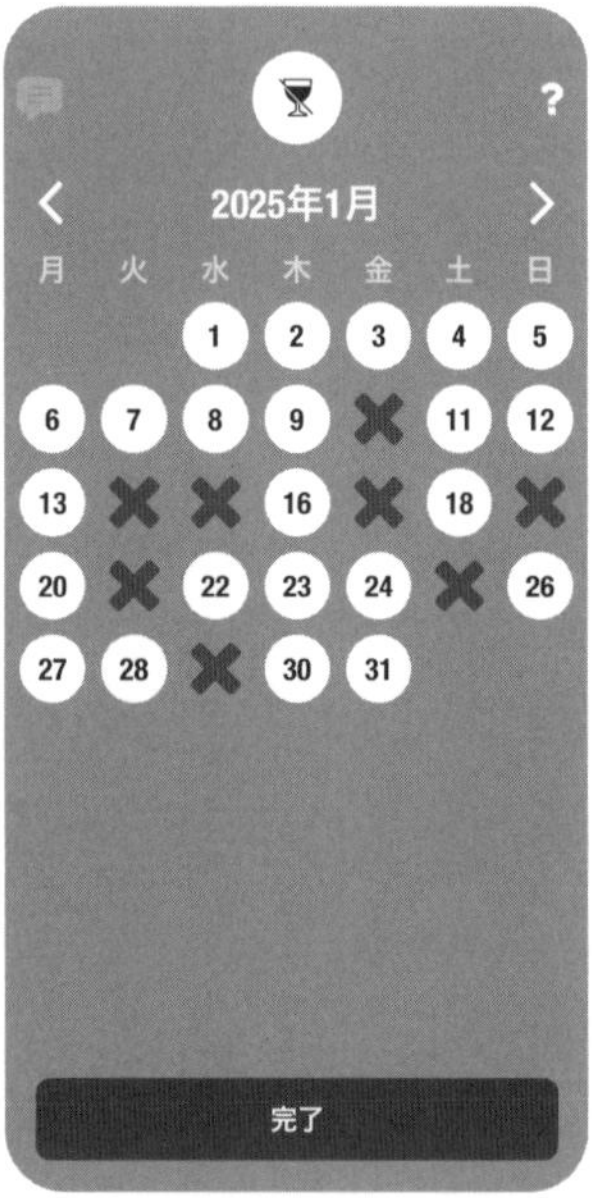

デザインもかわいくて、
テンションアップ！

楽しく管理できるタスク

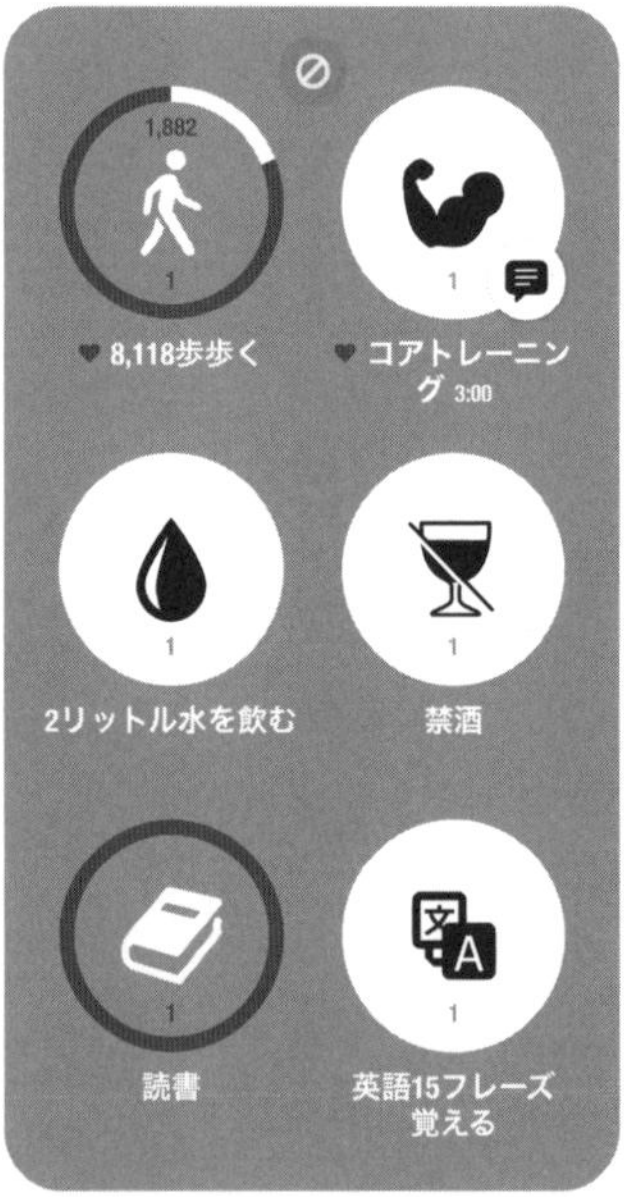

私は以下の項目を
作っています！

- 10.000歩歩く
- コアトレーニング
- 2リットル水を飲む
- 禁酒
- 読書
- 英語を15フレーズ覚える

CHAPTER

3

とことん充電！
オフタイムの
ポジティブ習慣

忙しい毎日を前向きに過ごすためには、
「オン」「オフ」のバランスが鍵を握っています。
この章では、オフタイムに欠かせない
休憩や充電によってポジティブなエネルギーを
最大限に生み出すヒントをご紹介。
気持ちの切り替え方とリフレッシュ術を身に付けて
楽しく元気に過ごせる毎日を目指しましょう。

26

オンタイム中も一息つく時間を大切に！

オフタイムの話に入る前に、まずは私のオンタイム中の休憩のとり方や、工夫していることについて、お話しできればと思います。

仕事や日常生活など「オンタイム」のパフォーマンスを高く維持する秘訣は、**途中で必ず短時間の「オフタイム」を入れる**こと。

息抜きや脳を休めるための休憩タイムを意識的に取り入れることは、休日にしっかり休む方法を考えるのと同様、大切だと思っています。

会社で会議の開始前や終了後、十秒から二十秒でも、必ず目を閉じる時間を設けるようにしています。

この時、なるべく何も考えないようにして過ごすのがポイント。

十分ほど時間がとれる時は、社内にあるマッサージチェアに座り、目を閉じて仮眠をすることも。**短時間でも視界を遮断することで、驚くほど情報がシャットアウトされます。**

インターネットやSNS全盛時代の昨今、どこを見渡しても情報だらけで、それを「いかに遮断するか」はとても重要だと思います。

オーバーヒート気味な脳内への情報流入量を減らすことで、**脳の活動が鎮まり、集中力が回復**します。気持ちもリセットされるので、新しいタスクに向かう元気が出てきます。

スマホの「充電」をするように、自分自身にエネルギーをチャージしているイメージが近いかもしれません。

CHAPTER 2のP64～67で、やる気スイッチを入れ集中力を高めるために、「ポモドーロテクニック」という二十五分間の作業時間と五分間の休憩時間を交互に繰り返す方法を紹介しましたが、じつは、この**五分間の休憩時間も、次の二十五分間のパフォーマンスを上げるために不可欠な時間**です。

最近は出張に行く機会も多いのですが、移動時の新幹線の車中でも、仕事と休憩のバランスをうまくとれるように意識しています。読書や仕事をポモドーロテクニックで二ラウンド進めたら残りの時間は仮眠しよう、などと**あらかじめ休憩プランを決めておく**ことも多いです。

とにかく、**朝から晩までぶっ通しで走り続けないこと**。

忙しくしているとつい見落としがちなのですが、息切れせずに前向きな気持ちで働き続けるためには、結構大事なポイントではないかと思っています。

このことを忘れてがむしゃらに過ごしてしまうと、**一日を終えた時点での疲労感は半端なく大きいものになってしまいます**。

例えば朝5時起きで夜の11時まで完走するなら、トータルの活動時間は18時間にもなります。一日のオンタイムの道のりが長すぎると、そのぶん疲労も蓄積して生産性が下がってしまいます。

そのため、私は「**連続して起きている時間を短くする**」ということを意識しています。

例えば、朝のウォーキングやVoicyのラジオ配信のために少し早起きして朝活をした日は、朝食や身支度などを終えて9時に家を出る前に、あえて、少しだけリビングのソファで寝る時間を設けることも。少しでも仮眠をはさむことでリフレッシュでき、「まるで9時に目覚めた」ような気持ちで出社することができます。

短時間でもリセットすることで、**出社後のやる気スイッチも入りやすくなるように思い**

ます。

昼間の仮眠時間も同じように捉えて、**こまめにリセット**することを心がけています。小刻みに休憩をはさむことで、**体に対して「そこまで疲労していない」と錯覚させるイメージ**です。

「今日は18時間も全力で走り抜けたな……」と思って心身に疲れをためてしまうよりも、**「短時間ずつ稼働している」という意識でいるほうが、モチベーションを保ちやすく、心身の疲労感もたまりにくくなる**と思います。

人それぞれ、休みをはさみやすいタイミングや休み方は違うと思いますが、働きすぎによるパフォーマンスの低下を防ぐためにも、ぜひ仕事中の休憩タイムを見直してみてくださいね。

POSITIVE POINT

長時間がむしゃらに稼働し続けない！

仮眠や休憩をはさみ、「連続して起きている時間」を短くしよう

27

モヤモヤの「解釈」は自分次第！

仕事で落ち込むことがあると、自宅に帰ってからも引きずってしまい、モヤモヤとした気持ちで過ごしたり、そのことが頭から離れなかったりということはありませんか？

オフタイムはストレスになることを一切思い出さないようにするという「切り替え上手」なタイプもいるかもしれませんが、解決しておかないと、モヤモヤした気持ちが晴れずに趣味も楽しめないという人も多いのではないかと思います。

私自身も、ストレスの存在を無視してしまうよりも、**ポジティブな視点を持つことでストレスをうまくコントロールしたい**と考えるほうです。

私がストレスを「ポジティブ変換」するために使っている思考法の一つとして、「ストレス・コーピング」という考え方が役立ったので簡単にご紹介したいと思います。

これは、**ストレスを「原因（ストレッサー）」と「捉え方（認知）」「影響（ストレス反応）」**

の三つの要素に分解して、自分に合うベストな方法でそれぞれに対処するというものです。

まず、ストレスの「原因」は、人間関係や仕事の負担、環境の変化によるものなど、さまざま考えられます。ここに問題を抱えている場合は、**原因そのものに働きかけて、それ自体を解決する**必要があります。

例えば、残業時間が長すぎるのであれば業務量を調整する、職場環境がブラックなのであれば転職を考える、というように、ストレスの発生源をなくしたい場合に有効です。ある意味では**「最終手段」**とも言えるかもしれません。

ただし、環境や状況を変えようとすること自体が新たなストレスとなったり、他人が関わることだと、自分の希望だけで変えられなかったりする場合もあります。

二つ目のストレスの「捉え方」は、先程の「原因」に対してどんな感じ方をするかという**「解釈」**の仕方で、人によってさまざまな部分です。

私が「ポジティブ変換」を心がけているのも、ここです。

CHAPTER 1で、失敗した時の心構えとして**「事実は一つ、解釈は無限」**という考え方を大切にしているというお話をしましたが、私はストレスを感じる出来事に対しても同じように考えるようにしています。

例えば、つい最近、私自身に対する意見を人から面と向かって言ってもらえずに、又聞きしてモヤモヤ感を抱えてしまうということがありました。直接言われるなら話し合いで前向きな対応もできますが、間接的な話だとそうもいかずに、ストレスになってしまったという出来事でした。

これに対して私がとった方法は、情報をそのまま受け取るのではなく、**まずは「事実」だけを客観的に見つめること**。

私が直接聞いたわけではないので、実際にその人が誰に何と言ったかはわからない。だから私のモヤモヤした感情は私の勝手な解釈であって、事実はまったくわからない。

つまり、「この出来事は考えても無駄」。

直接伝えられたこと以外は「言わせておけばいい」。

そう割り切って、**情報を受け流すスタンス**を決めたら、**心に抱えていたモヤモヤ感も自然と消えていきました**。

最後に、三つ目のストレスの「影響」。イライラや食べすぎなどに出てしまうという人も多いですよね。

オフタイムの趣味や買い物、推し活を楽しむ、おいしいものを食べる、人と話して発散するなど、**自分の好きなことで気分転換を図る手段を複数見つけておくことが大切です**。ただ、発散するだけでは、ストレスの根本的な解決にはならないため、前述した「捉え方」とセットでアプローチするのがおすすめです。

まずは事実を見つめ、ポジティブな視点でストレスを「捉え直してみる」こと。それでも解決が難しい「原因」がある場合は、原因そのものを変化させられないか検討する。折々に気分転換をする。

ストレスを引きずりそうな時は、この順序で「ポジティブ変換」を試してみてください。

POSITIVE POINT

ストレスを「原因」「捉え方」「影響」の三要素に分けて考える
「事実」だけを客観視して、ポジティブな視点で捉え直す

28

継続のコツは「トリガー」を決めること

CHAPTER 2でもお話ししましたが、私の朝はウォーキングから始まります。

もともと早朝の運動習慣がなかったのですが、今では習慣的に取り組めるようになり、「毎朝、体を動かさないと気持ち悪い！」と思うほどになりました。

そもそも運動を始めようと思ったきっかけは、リモートワークになった途端に体を動かす時間が減った影響で、体がガチガチに固まり、調子を崩してしまったこと。

でも、「何か体を動かすことをしないと……」とは思っていても、**最初はなかなか習慣化できずにいました。**

ウォーキングを始める以前にも、ゲームの運動系ソフトを試してみたり、YouTubeで割とハードなエクササイズ動画に挑戦してみたりもしたのですが、どれも長続きしませんでした。

運動を習慣化するためにはどうしたらいいのだろう？ と模索していた頃に出合ったのが、『ぼくたちは習慣で、できている。』（佐々木典士／著）という一冊の本です。

本の中では、継続することの大切さとともに、継続するコツとして、習慣化のためには**「トリガー」「ルーティン」「報酬」**の三つが重要であるという考え方が紹介されていました。

一つ目の**「トリガー」とは、行動を始める「きっかけ」になるもの**です。その**習慣を始めるためのスイッチ**となるもの、とも言えるでしょう。

例えば、コーヒーを飲んだらその直後に瞑想をするなど、自分なりの「トリガー」をつくることがすすめられていました。

そこで、私がやってみたのは**寝る前にベッドのそばにヨガマットを敷いておく**という方法です。目覚めたら、ヨガマットが自然と視界の中に入るので、とりあえず一分でもいいから、体を動かしてみようかと思えるようになりました。

二つ目の**「ルーティン」というのは、行動の「内容」**。**習慣化したいことの「中身」**です。無理なく習慣化するためには、最初の段階ではこの**ハードルをできるだけ低く設定することが大切**だと説かれていました。

言われてみれば、私にも思い当たる節があります。ゲームの運動系ソフトが続かなかった理由は、腕や足に器具を装着するなどの準備をしている間に時間が過ぎていき、面倒くさいと感じるようになったからでした。

そこで、改めてYouTubeを検索してみたところ、ソーラン節に合わせて脚だけを動かすという、短時間でできるお気楽なエクササイズ動画を発見！ 目や手元は自由なので、スマホを見ながら「ながら運動」ができる動画でした。

ですが、この動画を二週間ほど続けたことがきっかけとなって、もう少し体を動かしてみたいという気持ちが芽生え、より負荷のかかるエクササイズ動画にトライするように。そうこうするうちに、ついに外に出てウォーキングを始めるまでになりました。

いったん「体を動かすことが気持ちいい！」という領域に入ってしまうと、早起きも苦ではなくなり、健康にもメリットがある、といいことずくめ。これが三つ目の**「報酬」**です。

さらに言えば、私の場合はＰ60で紹介したように、Voicyのプレミアムリスナー向けに「朝活ラジオ」という音声配信を毎朝六時からライブで行うことにして、配信前に何かしら運動をして報告をしようと決めたことも大きかったと思います。

楽しみに待っていてくれるリスナーさんがいるというのも、「社交性」や「コミュニケーション力」が高めの性質を持つ私にとっては大きな「トリガー」です。

「責任感」が強い人は他の人と約束することを「トリガー」にすると習慣化しやすいなど、**個性に合わせて、自分のスイッチが入りやすい「トリガー」を考えてみる**のもおすすめです。

運動に限らず、ダイエットでも勉強でも、プライベートで目標を立てたことを習慣化することは、生活に豊かさをもたらし、人生の喜びにつながります。

まずは**ハードルを低めに設定して、自分に合う「トリガー」を探してみてくださいね**。

POSITIVE POINT

**習慣化したいことは、最初のハードルをグッと下げる
行動を始めるきっかけとなる、自分なりの「トリガー」を決める**

29

リラックスタイムの「温活」と私の愛用アイテム

毎日を元気に過ごすために欠かせないのが、**帰宅後や休日のリラックスタイム**。

私はいつも疲れにくい健康な体を維持するために良い方法がないかと、本やインターネットなどで情報をリサーチしたり、人におすすめを聞いたりして、気になったものはとりあえず試してみています。その中から気に入って続けているものや工夫している方法を、いくつかご紹介したいと思います。


私はとくに冷えを感じやすい体質のため、意識しているのが**「温活」**です。

なかなか湯舟に浸かる余裕が持てない日も多いのですが、「今夜はゆっくりと湯舟に浸かる！」などと、朝のうちから「今日の目標」として決めておくこともあります。


バスタイムに気に入って使っているのは、バスソルトの**「エプソムソルト」**です。

「ソルト」という名はついているのですが、食塩ではなく、主成分は硫酸マグネシウムという、海水にも含まれているミネラル成分の一つ。無色無臭の細かい粒子で、水に溶けやすい性質があります。

発汗作用が高く、湯にたっぷり溶かして入浴すると、びっくりするほどたくさん汗が出ます。**むくみ解消やデトックス**に役立っている実感があり、入浴後の肌がすべすべになって、使い始めてから肌トラブルが少なくなったと感じています。

塩素を除去する働きもあって、**湯がやわらかくなる**のもお気に入りのポイント。エプソムソルトのおかげで、以前よりも気持ちよく入浴できるようになりました。

また、バスタイムの習慣にしているのが、**オイルマッサージ**です。

シンプルなアーモンドオイルを使って、主に上半身をほぐすように、二の腕やお腹などにオイルを塗り込んでいくだけなのですが、**筋肉や肌をやわらかく保つ**ことや**コリ解消**にも役立っています。

マッサージは積み重ねが大切だと感じているので、できるだけ毎日、シャワーだけの日もバスタイムの習慣にするように心がけています。

習慣化のためには、「トリガー」をつくると継続しやすいと先述しましたが、入浴したら、最初にオイルマッサージを行うというのが、私にとっての「トリガー」です。

バスタイムの最後にしようと思うと、疲れてきたり、面倒くさくなってきたりして、「マッサージはなしにしよう」「また今度にしよう」となってしまいがちなことに気付き、「バスタイムの最初にやる」と決めています。

そのほかに取り組んでいる「温活」は、**朝起きてすぐに温かい白湯を飲む**こと。体が内側から温まるので、消化力の向上や美容にも効果が期待できるそう。温かい飲み物で胃腸が温まり、朝の目覚めと活力スイッチも入りやすくなると感じています。

また、寒い季節は**「まるでこたつソックス®」という靴下**も愛用しています。いろいろなタイプが出ているので三種類ほど一気に買って試したのですが、**とくに気に入っているのが、ふくらはぎまで長さがあって足先が出ているレッグウォーマータイプ**です。足首のツボが温熱刺激によって温まり、冷えから守られる構造になっていて、実際に足元が温まってくると、全身がぽかぽかしてくるのを実感できます。

寝る時に靴下を履くのは苦手だったのですが、**レッグウォーマータイプなら足先は開放されて、でも血液が通る要所となる足首部分はしっかり温まるので心地よく、私はこれを履いたまま就寝しています。**

在宅勤務中にも、足先が冷えてくると、体全体が冷えて仕事に集中しにくくなることがあったのですが、靴下の上からこれを重ね履きすると、いい具合に温まります。会社でもデスクワークが続く時などは、ストッキングの上からも履けるので便利です。

締め付けがない履き心地と、ふわふわした触感の素材もお気に入り。**体に触れるものは、素材感が気持ちよくリラックスできるかどうか**も、長続きするためには大事なポイントだと思っています。

ちなみに、「エプソムソルト」はサウナ好きのメンバーにおすすめされたもので、「まるでこたつソックス®」は妹からすすめられて使い始めたもの。信頼できるまわりの人のおすすめを積極的に取り入れながら、今後も温活アイテム探しを続けていくつもりです。

POSITIVE POINT

疲れにくい健康な体を手に入れるために、「温活」を続ける!
バスソルトや靴下など、お気に入りの温活アイテムを使う

30

サウナで「ととのう」心地よさ

私のリラックスタイムの質を確実に引き上げてくれるもの――それは、何と言ってもサウナです。

サウナによって、私のご機嫌な時間が格段に増えたと断言できるほど！

もともと、キャンプに出かけた帰りなどに、滞在した地域の温泉や銭湯に入ることはあったのですが、湯舟止まりでサウナには足を踏み入れたことがありませんでした。

サウナ好きのメンバーから「一回でいいから、サウナに入ってみてよ」と言われ続けていたので、ある時、軽い気持ちで扉を開けてみたら……その一回で、すっかりサウナの魅力に目覚めてしまいました。いわゆる「サウナでととのう」とはこのことか、と。

その後、街中の銭湯でもサウナデビューを果たし、一時期は毎日通い詰めるほど夢中になってしまったのです。

サウナの何がそれほど気持ちいいのかと言うと、サウナに入ると**「思考」が完全にストッ**

プして、「感覚」の世界に入れること。それによって味わえる**完璧なリラックス状態**が、とにかく最高に気持ちいいのです！

昼間のオンタイムでは、いかに左脳優位の状態で思考をめぐらせ続けているかということに気付かされることにもなりました。


もちろんサウナでも、最初のうちは「ああ、今日も大変な一日だったな」などと、自然に思いが湧き起こることはあるのです。

でも、熱さで段々それどころではなくなります。さらに、続けて水風呂に入ると、今度は「冷たい」という目の前のことしか感じられなくなるのです。

思考の世界からどんどん離れていき、気付いたら、サウナに入る前に考えていたことや悩みごとも吹き飛び、完全に思考がリセットされている自分がいます。


「考えないようにしよう」と意識せずとも、強制的に右脳優位の「何も考えない時間」がもたらされることで、人はこんなにもリラックスできるものなのだと知りました。

サウナで使える防水のスマートウォッチをつけて心拍数を測りながら入ることもあるのですが、水風呂では心拍数が七十～九十台に下がります。これは就寝時やリラックスして過ごす安静時の状態に近い数値です。

何よりも、出たあとの「頭がスッキリ！」という状態は、本当にやみつきになります。**強制的に思考の「リセットボタン」を押すことで、昼間に解決しなかったことも、別の新しい視点が見えてきたり、受け取り方が変化したりというポジティブな展開につながる**こともあります。

とくに仕事を終えたあとは、昼間の疲労もセットになって、くよくよした思考に陥りがちな時間帯。私の場合は、**サウナでいったんリセットする時間を持つことが、ポジティブマインドをつくるためにも、欠かせない習慣**になっています。

ただし、「サウナ」→「水風呂」の往復を三ラウンドすると約二時間の滞在になり、それによって夜の睡眠時間が削られてしまうという問題点も浮上しました。

サウナと睡眠時間を天秤にかけ、そのほかのタスクも合わせて優先順位を考えた結果、最近は、「サウナは週に一回だけ」「二ラウンドだけでサクッと終えるショートバージョンの日もつくる」というルールを決めて、自重しています。

毎日行っていると心地よさに慣れていく面もあるように思い、逆に「サウナに行きすぎない」という目標を立てているほど。
週一回のごほうび時間として、これからも楽しんでいきたいと思っています！

POSITIVE POINT

サウナで「感覚優位」の深いリラックス状態が味わえる思考の「リセット時間」が、ポジティブマインドに欠かせない！

31

ファスティングで内臓リフレッシュ！

平日の夜は、仕事関連で会食の予定が入ることが多く、もともと外食率かなり高めでなかなか自炊にも取り組めないでいた私ですが、Voicyのリスナーさんとの交流会を通しておすすめしてもらった**「ファスティング」**に取り組んだことがきっかけで、**食生活をはじめ、健康全般に対する意識が大きく変わりました。**

ファスティングとは、日本語に訳すと「断食」のこと。

「断食」と聞くと、特別な道場や、どこかに閉じこもって食を断つストイックな修行というイメージがあったのですが、もう少し気楽に、日常生活を送りながら取り組めるものだと聞いて、挑戦してみることにしたのです。

完全に食を断つわけではなく、ファスティング中の三日間は、決められた量の酵素ドリンクを飲みます。もちろん良質な水分もたっぷりと。

前後の二日間ずつは、徐々に食事を減らす準備期間と、徐々に食事を増やす回復期間を設けるため、**トータル七日間**で取り組みました。

間違ったやり方をすると、体調を崩してしまうなど逆効果になってしまうこともあるため、自己流ではなく、ファスティングの専門家が推奨する方法で進めることが重要です。私も初めて取り組んだ時は、専門家のアドバイスを受けた上でスタートしたので安心感がありました。

ファスティングは、**乱れた食生活によって疲れた内臓を休ませ、体内の老廃物の排出を促したり、体の正常な機能やリズムを取り戻したりすることが主な目的**といわれています。もちろん、結果的に体重が落ちますが、ダイエットが主な目的ではありません。

七日間のファスティング期間を終えてみると、とにかく**むくみが減ってスッキリ**！内臓がリフレッシュしたせいか、**内側から体が軽くなったことが感じられて、「人は本当に食べ物からできているのだな」と実感できる体験**でした。

仕事も普段通りにしながら取り組みましたが、むしろ忙しいほうが気も紛れてよかったように思います。**会議や作業時の集中力も高まった**と感じました。

何よりも大きな変化を感じたのが、**体の感覚に対して敏感になったこと**です。

ファスティング後は、まず、**匂いに対する感覚がとても鋭くなった**ことに気付きました。電車内でも、ちょっと強いスパイスなどの匂いが感じられて、それまで同じように電車に乗っていた時は気付かなかった香りがこんなにたくさんあったのか……と驚くほど。

逆に言えば、**それまでいかに感覚が麻痺していたかということ**でもあり、「体の声」が全然聞けていなかったんだな、と気付かされるきっかけにもなったのです。

ファスティングに取り組んだことで、**いろいろな場面で変化を感じるようになりました。**

例えば、それまでは睡眠時間が四時間しかとれない日が続いて疲れをため込んでいても、「そんなものかな」とあまり深く考えることがなかったのですが、六時間以上寝た時と比べて、明らかに体調が悪いという感覚がよくわかるようになりました。

また、私はもともと食欲旺盛なほうで、とりあえず口に入れていれば中身は何でも構わないというタイプだったのです。ついさっき食べた味噌汁の具を聞かれても、覚えていないことがあるほどだったのですが、**ファスティング後は、その時々の食べ物の味をしっかり感じられるように**なりました。

その結果、食事をコンビニ弁当で済ませることが減り、お弁当を買う時も中身や食材のクオリティを重視するように。自宅でも意識的に料理の時間を増やすようにして、魚を焼いて味噌汁をつくるなど、和食中心にした自炊の機会が多くなりました。

この**「体の声が聞けるようになった」ファスティング体験のおかげで、私の体と心は大きく変化したように感じています**。

その感覚を維持したくて、今も一日二十四時間のうち十六時間は食事や飲酒などを控える「十六時間ファスティング」をできるだけ続けるようにしています。

もちろん、仕事の会食は相変わらず多いですし、人と楽しむ外食やカフェタイムのスイーツなども制限はしていません。体の声を聞きながら、いいバランスを探っていきたいと思っています。

POSITIVE POINT

仕事をしながら七日間のファスティング（断食）にチャレンジ！ ファスティングで感覚が敏感になり、「体の声」が聞けるように

32

毎日の美容ルーティンを楽しむ

スキンケアやコスメなどの美容用品は、**ポジティブな気持ちを保つために欠かせません**。深呼吸したくなるようなよい香りの基礎化粧品にはリラックス効果が期待できますし、気分が華やぐような色みのコスメは、使うだけで気持ちを上向きに切り替えられます。

もちろん、スキンケアの楽しみ方は人それぞれ自由ですが、肌がきれいになったり、自分らしいメイクができたりすることは、その人の自信につながり、**マインド面でもよい影響があるもの**です。

私自身、化粧品に詳しいほうではありませんが、よさそうなものを試しながらお気に入りを見つけるプロセスは楽しくて大好きです。

何よりも、**お気に入りの化粧品に囲まれているとポジティブな気持ちになれます**。

こまめに新情報をチェックしながら肌質に合うアイテム探しをしていて、実際に使ってみてよかったものはYouTubeで紹介することも。視聴者さんからよい反応をもらえることも多いので、皆さんも同じように探しているんだなと感じています。

オフ会などで交流の機会がある時は、視聴者の皆さんと美容情報を交換するのも楽しんでいます。

スキンケアとメイクどちらも、私はとにかく**「ツヤ」重視**!

マットな雰囲気よりも、間近で見ても「うるおっているな」と思えるようなツヤ感を目指しています。メイクアイテムも、**ツヤっぽい色や質感**のものを選ぶことが多いです。

ツヤ感を出すためには**素肌の透明感も重要**。そのための素肌づくりとして、日頃のスキンケアも大切にしています。

私が主に参考にしているのは、**美容家の石井美保さんが提唱しているスキンケア方法**です。

ツヤのある美肌を目指すためには「肌をこすってはダメ」「水分をたっぷり与える」というのが石井さんの教え。『一週間であなたの肌は変わります 大人の美肌学習帳』(石井美保/著)を読んで勉強するうちに、**肌には思っている以上に水分が入っていかないとい**

う事実を知りました。

肌のうるおいを最大限に引き出すためには、とにかく水分をしっかり与えることが大切で、肌がひんやりするくらいまで化粧水を惜しみなく使うことがすすめられています。こすらずに手のひらでプレスするように、何度かにわたってしっかり浸透させると、うるおいが増すそう。

毎回、化粧水を大量に重ね塗りするのは難しいので、私は手っ取り早く、**たっぷり水分を含んだシートマスクでうるおいを与えるようにしています**。

これを朝晩二回、続けているうちに肌の透明感が出てきているようにも感じています。スキンケアは積み重ねが大事だなと思っています。

美容アイテムとしては、**ReFa《リファ》のシャワーヘッド**も愛用しています。シャワーの水に極小の泡が含まれることで、肌や頭皮の毛穴の汚れをしっかり洗浄できるのが特徴。肌や髪へ美容効果が期待できるというシャワーヘッドです。

そのほか、**毎日二リットル以上の水**を飲んで肌の水分を内側から補うことや、**睡眠をしっ**

かりとる、ストレスをためないことなども、美容のために意識しています。
もちろん、どれも忙しいと完璧にはできないことも多いのですが、自分の心を喜ばせるために、美容の時間も大切にしたいと思っています。

POSITIVE POINT

肌の「ツヤ」を引き出すスキンケア習慣を楽しみながら続ける
お気に入りの美容アイテムを見つけて、心が喜ぶケアを

33
「癒やしアイテム」で心のモヤモヤを解消！

化粧品もそうなのですが、**自分が「これ大好き！」と心から思えるものに囲まれて毎日を過ごすことが、ポジティブマインドを保つためにも大切だと思っています。**

そんな思いから出合った、お気に入りの癒やしアイテムをご紹介させてください。


まず、以前からハマっているのが香りのよいアイテムです。

ファスティングに取り組んだことをきっかけに香りに敏感になった影響もあり、お香探しをするようになりました。

なかでも気に入っているのが、**「hibi《ひび》」という、マッチ型の珍しい形状をしているお香。**

一般的なお香は、お香スタンドやライターなどの準備が必要ですが、これはマッチ箱のようなボックス入りで、側面でマッチを擦るように火をつけるだけで、立ちのぼる香りを約十分間楽しめるというものです。

燃焼中は、ボックス内に付属されている不燃マットにのせられるので、お香スタンドいらず。スタイリッシュなデザインの箱一個で完結できるという手軽さも、お気に入りのポイントです。

昼間の疲れを癒やすために、夜のオフタイムは部屋で静かに過ごすことが多いのですが、**空間に香りがあることで心が安らぎ、モヤモヤしていた気持ちも昇華しやすくなる**ような気がしています。

また、**オンタイム中、スイッチを切り替えたい時に、お香を活用することも**。

仕事の合間などに、目を閉じて一息つく時間を大切にしているという話を本章の冒頭でもしましたが、在宅勤務中、五～十分の休憩時間がとれる時は、この hibi のお香を焚いて瞑想タイムを持つこともあります。

朝の Voicy 配信時も、お香を焚いて気持ちを落ち着かせるという使い方をしています。

癒やされたい時や気分をスッキリさせたい時などに、香りの存在に助けられることは多く、私にとって hibi のお香は**ポジティブなマインドを保つための必須アイテム**の一つになっています。

もう一点、私のオフタイムに欠かせない癒やしアイテムが**キャンドル**です。

キャンドルの魅力に目覚めたのは、プライベートで出かけた野外フェスで行われた「キャンドルタイム」がきっかけ。その時のフェスでは、**会場の電気をすべて消して、キャンドルの明かりだけで過ごすという特別な時間**がありました。

そこで私も、会場で売られていたキャンドルを買い求めて、その場でキャンドルタイムを楽しんでみたのです。**無数のキャンドルに火が灯され、幻想的な空間の中で演奏が行われたその光景は本当に美しく、まさにアート！** キャンドルって本当に大きな癒やしの力を持っているのだなと感激した体験でした。

アウトドアだけではなく、家でもキャンドルに火を灯して心を癒やす時間を取り入れたいと思い、フェス会場で売られていた、色や形が異なるキャンドルを三個も購入。早速、家でも火を灯してみたら、**キャンドルのある空間にいるだけで心が自然と落ち着いて、リラックスタイムがそれまで以上に安らぐものになりました**。

入浴する時間帯からは部屋のメインの照明を消して、間接照明とキャンドルの光だけにする日もあります。その空間で映画を見たり、ただ炎を見つめていたりすることも。ゆらぎのある本物の炎は、見ているだけでとても癒やされるものです。

過去や未来のことではなく「今ここ」に集中するという「マインドフルネス」にも関心

があるのですが、キャンドルタイムは、まさに**目の前の炎の存在を見つめながら意識を「今」に向けるための瞑想的な時間**にもなります。

そんなわけで、私のキャンドルコレクションは増え続ける一方。今後は、ハンドメイドのキャンドルづくりに挑戦したいという目標もあります。

好きなものが身近にあるだけで、ご機嫌な時間は確実に増えます！

皆さんも、自分の心が落ち着く「癒やしアイテム」を、ぜひ探してみてくださいね。

POSITIVE POINT

「お香」や「キャンドル」はリラックスを促す
自分がご機嫌になれるお気に入りの「癒やしアイテム」を増やす

34

「心地よい空間」づくりで高める自己肯定感

ポジティブマインドを保つためには、身近なものを「好き」で満たすのと同時に、**住んでいる空間の居心地をよくすることも大切なポイントです。**

私が今住んでいる大阪の自宅は、YouTubeでも部屋の中を公開していますが、コンクリート打ちっぱなしのデザイナーズ物件。おしゃれな見た目に胸が躍って契約したのですが、実際に住み始めてみると、冬が寒いという問題点が……。お風呂も、ガラスドアにタイル貼りとモダンで素敵なのですが、やはり寒いのです。

クールで無機質なデザインと相まってどこか冷たさがあり、「くつろぐための部屋」ではなかったのかもしれません。住んでいるうちに、残念ながら、今一つ落ち着かない空間だと感じるようになりました。

じつはすでに新しい部屋が決まっていて、この本が出る頃にはそちらに引っ越している予定です。

現在は、プロと相談しながらリフォームを進めている最中。今の物件の反省から、**部屋づくりは自分の好みや目指したい雰囲気を整理して、テーマを決めることが大切**だと思うようになりました。

新しい部屋づくりに向けて、決めたテーマは**「くつろげる温かい空間」**。理想のイメージは、大好きな映画『かもめ食堂』のような、スタイリッシュでありつつも、ほっこりと温かみの感じられる空間です。

部屋で仕事をすることも多いので、これまでは仕事がはかどることを優先しがちだったのですが、新居の空間づくりは、リラックスタイム重視でいこうと決めています。

部屋の明るさも大切なポイントだと考えていて、明るい日差しが入るインナーテラスを設けることにしました。室内にいながら外の空の下にいるような開放感を味わえるコーナーをつくることで、晴れの日も雨の日も、どんな気分の時でも温かく包み込んでくれるくつろぎ空間になるのではないかと、楽しみにしています。

リフォームを進めながら、自分の好みに合わせて目指したい空間づくりにこだわることは、**ポジティブマインドのベースとなる生活を整えるための行動**だと感じています。

部屋や家具などの環境を整えることに加えて、**収納をスッキリ整理したり、こまめな掃除で清潔な空間を保ったりという日頃の習慣も、部屋の居心地のよさをつくるためには重要**です。

掃除は、トイレだけは必ず毎日やると決めています。時間にすれば、ほんの1分ほどの簡単掃除ですが、毎日やっているので汚れません。

とある経営者は、「自分磨きのため掃除をする」と決めていて、毎朝、会社のデスクを従業員の分も含めてきれいに拭き上げているそう。その話を聞いて、私も何か継続できる掃除をしようと思ったのがきっかけです。

誰も見ていなくても、**小さな積み重ねは自信につながります**。

「トイレ掃除が運を上げる」という説も耳にしますが、継続することで自信が持て、自己肯定感が高まった結果として、運が高まるように感じるポジティブな出来事が起こるのかもしれません。

何より、**掃除は「運を上げるための行動」と捉えるだけで、掃除のモチベーションも上**

がる気がします。

室内の掃除や片付けは、休日にまとめてやることが多いです。洗濯物が放置されていたり、開封済みの段ボールがそのままになっていたりすると、その状態がストレスの原因になってしまいます。

休日の朝、ゆっくり起き出してから、整理整頓や掃除を淡々と行っていると、それだけで気持ちがスッキリします。**「きれいにできた！」という達成感もあり、やはり自己肯定感も高まります**。

掃除を終えたら、銭湯に出かけてサウナに入ると、さらに気分がリセットされて、翌週に向けてモチベーションがアップ。

「掃除」と「サウナ」をセットでというのが、私にとっては最高に「ととのう」休日の充電ルーティンになっています！

POSITIVE POINT

部屋づくりはテーマを決め、空間を「好き」で満たす
掃除や片付けで室内がスッキリすると、自己肯定感が高まる！

35

読書を習慣にするための「マイルール」

オフタイムに大事にしていることの一つが、**読書の時間**です。

とくに、**新しいことに取り組む際には、インターネットだけでなく、必ず本から体系的に知識を学ぶように意識しています**。

会社で経営に関わるようになってからは、マネジメントや経営に関する本をよく読むようになりましたし、SNS発信を始める時も、YouTubeに関する本を読みました。

ちなみにサウナも、入り始めたばかりの頃に、『マンガ　サ道～マンガで読むサウナ道～（1）』（タナカ　カツキ／著）という漫画を読んで、正しい入り方を学びました。

「忙しくて本を読む時間なんてない！」という声もよく聞くのですが、それはみんな同じ。

でも、**本は新しい世界を広げてくれたり、自分を成長させてくれたりと、ポジティブマインドをつくるためにも欠かせないツールだと思っています**。

忙しくても、「マイルール」を決めて、できるだけ本を読み続ける工夫をしています。

マイルールの一つが、**人からおすすめされた本は必ずその場で電子書籍を買う**ということです。

世の中には無数の本があり、何を読めばいいのか迷ってしまうこともありますよね。取引先の方などと話す際にも、おすすめの本を教えてもらうことがよくあり、書名を聞いたら必ずその場で購入します。

人におすすめされると、自分では選ばないようなジャンルの本にも出合えるので、とてもよい機会になっています。

一方で、**自分に合わないと感じたら、途中で読むのをやめる**というのもマイルール。

昔は、「一度読み始めた本は最後まで読まなければ！」と思っていましたが、それだと読書自体が楽しくなくなってしまうこともあると気付きました。

本がつまらないのではなく、「今の自分には早すぎる本」や「現時点では必要ない本」である可能性もあります。無理に読み進めるのではなく、「また機会が来たら読もう」と思って、いったん読むのをやめることにしています。

読書を続けるコツの一つは、**「一日一行でもいいから読む」**ことです。いざ読み始めるとおもしろくて夢中になってしまうのですが、最初の一歩がなかなか踏み出せないこともありますよね。

そのため、**朝と夜に五分間ずつでもいいので、できるだけ読書時間を設ける**ようにしています。こうすると、習慣化がしやすくなり、読書がより身近なものになります。

また、**読みながらメモをとらない**というのも、実践しているポイントです。

昔は、気になった部分を手書きでメモしながら読んでいたのですが、メモをとると「机に座ってノートを開く」という準備が必要になり、手軽に読書ができなくなってしまうことに気付きました。

そこで最近は、「とりあえず気になる部分にチェックを入れるだけ」にしています。紙の本なら付箋を貼り、Kindleならハイライト機能を活用。**あとからまとめて振り返る方法に変えたことで、読書の効率がアップ**しました。

読み終えたら、おすすめしてくれた人がいる場合は感想を伝えます。

また、読んだ内容を忘れないうちに、付箋を貼った部分やハイライトを入れた部分、印象に残ったフレーズなどをｉＰａｄのノートアプリである【Goodnotes】にまとめています。
とくに感銘を受けた本は、Voicyで紹介することも。**ノートにまとめたり、人に伝えたりとアウトプットをすると、自分の知識としても定着して実践につなげやすくなります。**

紙の本や電子書籍だけでなく、**最近はオーディオブックも積極的に利用しています。**車や電車移動の時などは、むしろ音声のほうがスムーズ。以前は、スマホでSNSやネットニュースをチェックしていたすき間時間に、短時間でも音声を聞く時間を持つと、あっという間に一冊の内容を聞き終えることができます。

読書は**無理なく楽しく続けること**が大切です。私自身も、読書を楽しみながら、もっと新しい世界を広げていきたいと思います。

POSITIVE POINT

本は新しい学びや世界を広げてくれるポジティブなツール
一日一行でも読み進めると習慣化できる!

36

買い物は「リサーチ」と「ときめき」を重視！

ＳＮＳで購入したものや愛用品を紹介することが多いためか、「買い物好き」で「衝動買いをするタイプ」だと勘違いされることも多いのですが、じつは買い物に対しては慎重派。むしろ、「最高のものを選びたい」という性質から、割と計画的にリサーチしてから、じっくり選ぶタイプだと自覚しています。

購入したいものは、メモアプリの【Notion】にリスト化して、リサーチした情報とともにメモしておき、空き時間にチェックしています。

あらかじめ情報を整理しておくことで感度が高まり、いざ「理想のアイテム」に出合った時に、すぐに決断することができると感じています。

買い物をする時に意識しているのは、**「迷う理由が値段なら買え。買う理由が値段ならやめとけ」**という言葉です。

何かを買う時、「高いからやめておこう」と思うことってありますよね。でも、本当に気に入ったものを**「値段が高い」という理由だけで諦めると、あとから悔やむことが多い**気がします。なぜなら、迷う理由が値段だけなら、その商品や体験には十分な価値を感じている証拠で、そういう買い物こそ自分の人生を豊かにしてくれるものだからです。

例えば、私はApple社から販売されているワイヤレスヘッドホンの「AirPods Max」を買う時にすごく悩みました。価格が8～9万円と高額だったため、ほかのヘッドホンもリサーチして比較しながら迷っていたのですが、機能に加えて、**デザインに強くときめいていた**ことが決め手になり、最終的に購入しました。

結果として、今でも毎日使うのが楽しみで仕方ないアイテムになっています。

一方で、「とりあえず安いものを買っておこう」と妥協すると、結局すぐに買い替えることになり、**余計なお金を使うことになる**ことも多いです。それなら、**最初から本当に欲しいものを買ったほうが、長く愛用できて満足感も高い**と考えるようになりました。

大切なのは、「心の底からときめくかどうか」です。

雑誌やインフルエンサーの紹介で流行のアイテムを見て「いいな」と思っても、**本当に自分が欲しいのか？　心からときめいているのか？**を一度考えるようにしています。なんとなくまわりに流されて買ったものは、結局使わなくなることが多いものです。

また、**少しでも「うーん……」と引っかかる部分がある場合は買わない**ことにしています。どんなに流行っていても、自分の中で引っかかる何かがあるなら、それは必要のないものかもしれません。

もちろん、大きな買い物ほど現実的な判断が必要な場面も。私も最近、新居のリフォームを進める中で、「ときめき」はあっても予算と実用面を考えて、購入を見送った設備もあります。

「ときめき」を軸にしつつも、時にはバランスを考えて選択することも必要です。

POSITIVE POINT

迷った理由が値段だけなら買う。値段以外に引っかかる点があるならやめる
「ときめくかどうか」を基準に選ぶと、買い物の失敗が減らせる！

37

「ときめき買い」でも予算管理は必須！

買い物の基準として「ときめくかどうか」を大切にしているというお話をしましたが、もちろん予算内でのこと。そこで、どのように予算を決めて管理するとよいのか、私の家計管理術についてお伝えしたいと思います。

じつは、私は昔からお金の管理がとても苦手。とくに働き始めた頃は、毎月のやりくりに悩んでいました。

今だから話せることですが、私は新人時代リボ払いを使いすぎて、大変なことになった経験があります。当時、「一年間で十個の資格取得を目指す」という会社の方針に従って、資格試験をあれこれと受けていました。ＩＴ系の資格は一回の受験費が二万円以上するものもあり、何度も受け直すうちに試験費用がかさんで「資格借金」のような状態になってしまったのです。

その後、無事に返済はできましたが、知らず知らずのうちに返済額がふくらんでしまうリボ払いの危険性を、身をもって知ることになりました。

そんな私が、お金の管理を楽にできるようになったのは**電子マネー**のおかげです。

現在活用している電子マネーは、QUICPayとSuica、それからPayPayの三種類。これらを使えばほとんどの支払いが電子決済で完結するので、現金を使う機会が激減しました。飲み会の時の割り勘も、PayPayで送金すればスムーズです。

電子マネーを使う理由の一つが、【マネーフォワード】という家計簿アプリとの相性が抜群によいからです。銀行口座やクレジットカードと連携し、使ったお金が自動で記録されるので、振り返りがかなり楽。お金の流れを把握しやすくなりました。

一方で、電子マネーに移行すると、「お金を使いすぎないか？」という不安もありました。そこで、**「収入」「固定費」「変動費」の三つのカテゴリー**を、Googleのスプレッドシートで管理しています。

「収入」は給与や副収入など、入ってくるお金。「固定費」は、家賃や光熱費、保険料、車のローン、サブスク代、英会話やジムなどの月会費です。

この「収入」から「固定費」を差し引くことで、「自由に使えるお金（変動費）」が明確になります。**変動費の中から、月々の買い物の予算を決める**という方法です。

昔の私のように、お金の管理が苦手な方には、**電子マネー＋家計簿アプリの活用**をおすすめします。お金の流れを可視化することで、自然と管理しやすくなります。少しでも参考になれば嬉しいです！

POSITIVE POINT

「電子マネー」と「家計簿アプリ」の連携で家計管理が楽に
支出は「収入・固定費・変動費」で管理すると、使いすぎを防げる！

Weekly Schedule

私の「一週間スケジュール」

木	金	土	日
Voicy生配信	Voicy生配信	早朝から ソロキャン へ	ソロキャン 帰りに サウナへ
東京へ移動 （テレワーク 車両で作業）	ウェブ会議 3件		
商談／ ウェブ会議 3件	商談／ ウェブ会議 2件		
取引先の 方と会食	大阪へ移動		YouTube 配信

大阪の会社勤務ですが、出張も多いため東京にも自宅を持ち、
二拠点生活をしています。
出張予定のあった一週間のスケジュールはこんな感じです。

	月	火	水
朝	Voicy生配信	Voicy生配信	Voicy生配信
AM	会社で作業/ウェブ会議2件	自宅で作業/ウェブ会議3件	イベント準備
PM	YouTube用の撮影/外部研修	ウェブ会議2件/セミナー	イベント開催
夜	大好きなアーティストのライブ	よもぎ蒸し/Voicy収録	懇親会/打ち上げ

特別公開その2【Notion】のタスクリスト

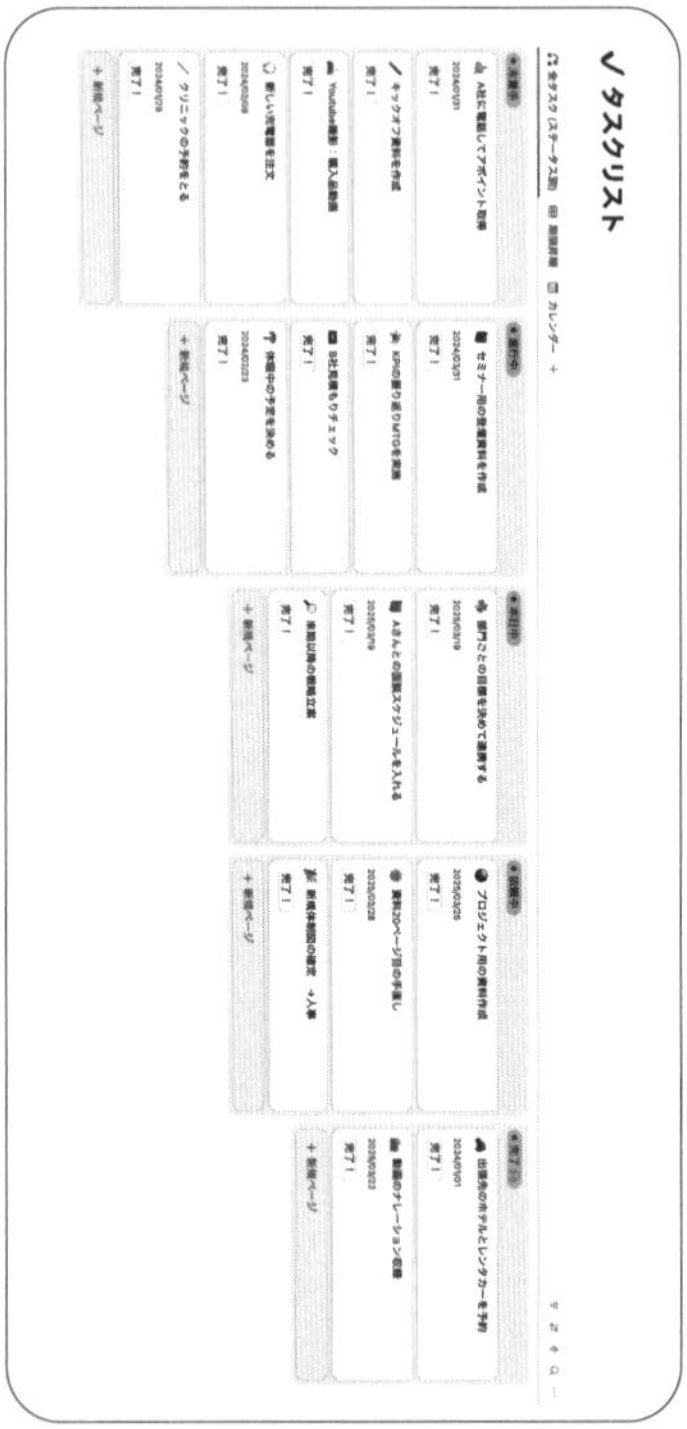

お気に入りの機能

- 仕事とプライベートのあらゆるタスクを1つのボードでまとめて管理
- 未着手、進行中、依頼中とステータスごとに管理してタスク漏れを防げる
- ボタン1つで期日順に並べ変えることができて、優先順位を決めやすい
- 完了ボタンを押すだけで、自動で完了リストに移動できる

CHAPTER

4

SNS発信も趣味も！ハッピーサイクルに乗って輝く未来へ

2019年に新たな挑戦として始めたSNS発信。
気づけば多くの方に応援していただけるようになりました。
この章では、そんな私が実践している
SNS発信のコツや続けるための工夫を
シェアしたいと思います。
また、発信を楽しみながら自分らしさを
大切にする秘訣や、プライベートで
楽しんでいる趣味のこともお話しします。

38

わくわくをつくる！「新しい体験」のすすめ

日々の私の小さな目標として、**「毎日、新しい人に会うか、新しい体験をする」**というものがあります。

例えば、外で食事をする時。「いつものなじみの店に行くか、気になっていたけれど入ったことのない新しい店に挑戦するか」を迷ったら、あえて「新しいお店」を選ぶようにしています。

そうすることで、店員さんと仲よくなったり、新たなお気に入りの店を見つけたりと、**思いがけない出会いや発見につながる**ことがあるからです。

また、新しい人との会話や新しい体験を積み重ねることで、**これまで知らなかった価値観や考え方に触れ、物事をより多様な視点で捉えられるように**。自分の固定観念が柔軟になり、視野も広がります。

SNSやオンラインコミュニティで交流を広げる、新しい習い事やワークショップに参加する、仕事や趣味のイベントに参加する、行った先で新しく出会った人と話してみる、つくったことのない新しいレシピで料理をつくる、食べたことのない海外の料理を食べてみる……など。

一つ一つは小さなことでも、積み重ねていくことで日常に新しい刺激が生まれます。毎日の暮らしに「ちょっとした新しいこと」を取り入れるだけで、**毎日がよりわくわくするものになる**のではないかと思っています。

このように、一日という単位で小さな新しい体験を重ね、さらに**一年という単位では、もっと大きな新しいことにチャレンジ**するように意識しています。

年始に「やりたいことリスト」をつくっていますが、そのためのネタ集めは**前年からずっと続けています**。日々の中で**「これおもしろそう！」と思ったことをスマホのメモなどに記録**しておき、年始に見返して「今年中にやってみたい！」と思うものをピックアップするのです。

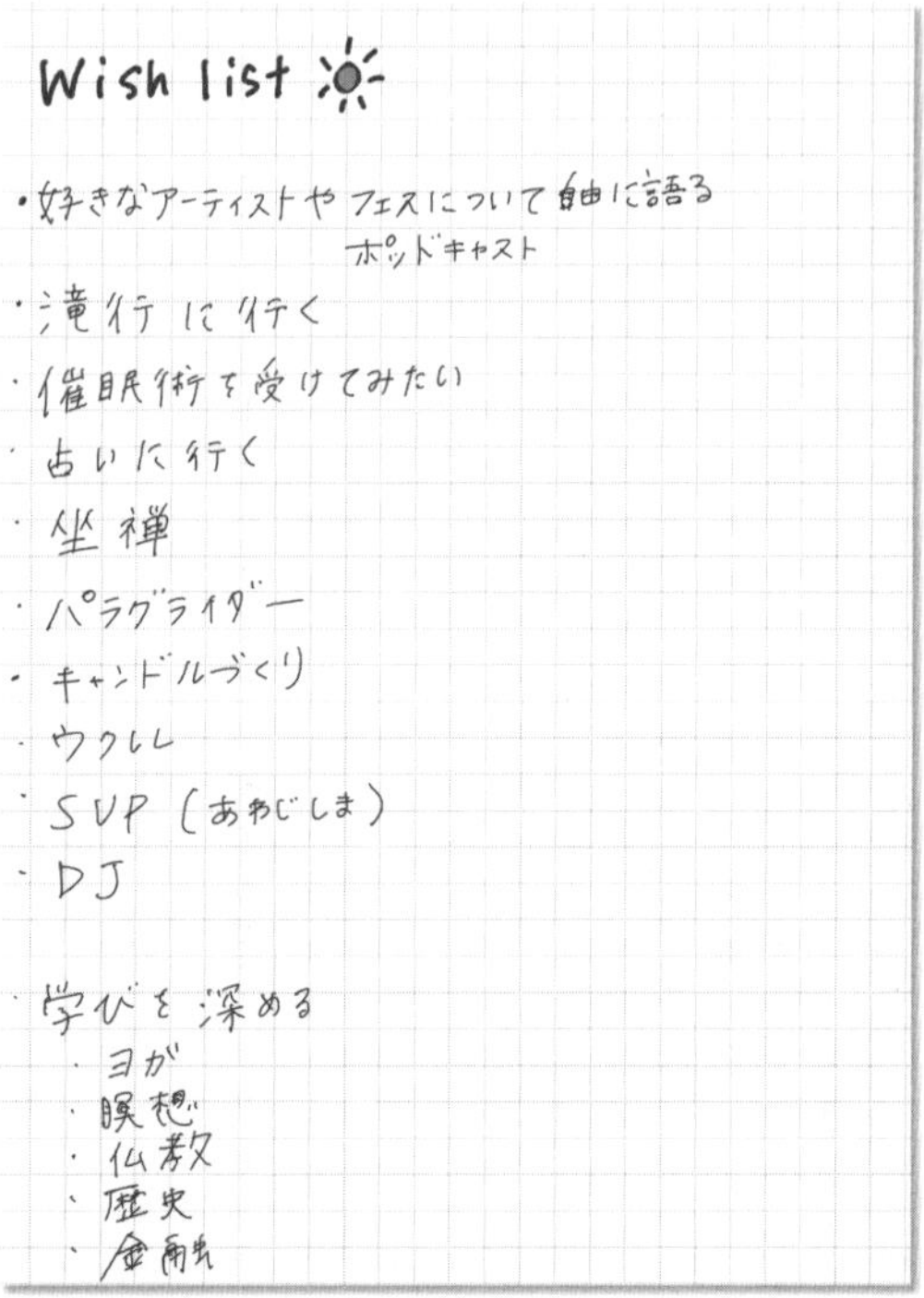

ただ、「年始に決めたから絶対にやる」とは決めていません。途中で気が変わったり、調べているうちに「思っていたのと違う」と感じたりしたらやめることもあります。**プレッシャーになってしまわないよう、気楽に楽しむこと**も大切にしています。

今年は、ウクレレやＤＪに挑戦することや、**人生初のパラグライダーにチャレンジしてみたい**と計画を立てました。

「生きているうちにスカイダ

イビングをやってみたい」という夢があるのですが、いきなりヘリコプターから飛び降りるのはさすがに怖いので、手始めにパラグライダーから挑戦してみたいと考えています。**最近は禅や仏教にも興味があり、座禅も体験してみたいです。**新年会の時に座禅を実践している人と話す機会があり、「一緒に行こう！」という流れになったので、これも今年新しくチャレンジしたいことの一つに加えました。

温活の一環で、美容と健康にメリットがたくさんあると評判の**「よもぎ蒸し」**にも通い始めたので、これから心身に起こる変化を楽しみにしているところです。

新しいことに挑戦するわくわく感も、私にとってのハッピー源だと感じています。

POSITIVE POINT

「新しい出会い」「新しい体験」を意識すると毎日がもっと豊かになる！
「おもしろそう！」「やってみたい」と思ったことはメモに記録しておく

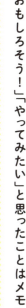

39 得意な「話すこと」を活かした発信スタイル

SNSを始めたのも、**「新しいチャレンジがしたい」**と思ったことがきっかけでした。YouTubeで**「いまさらチャンネル」**という動画配信をスタートしたのが、二〇一九年のこと。当時はIT企業の営業職として、もっと成長するためにどうすればよいかを模索していた時期でもありました。

その中で芽生えたのが、情報社会の中で差別化を図るために**「アウトプット力」を伸ばしたい**という思いです。「自分自身がコンテンツになること」が大事だと考えて、YouTubeにチャレンジしてみることにしたのです。

私自身は、**記事や文章を書くよりも、断然「話すこと」のほうが得意**。当時、IT系の発信はブログのほうが主流でしたが、私は**得意を活かせる場として、まずはYouTubeで発信していく道を選びました**。

当初は、便利な最新ガジェット（電子機器）の紹介や活用術をメインに配信を始め、登録者数が伸びてきた頃から、Vlog形式で「一日のルーティン」「一週間の過ごし方」などを見せながら、私自身のライフスタイルも伝えるようになりました。

現在は、ありがたいことに登録者数が十一万人超まで増えて、多くの方に支持されるチャンネルへと成長しています。

二〇二一年からはVoicyで**「ポジティブマインドの作り方ラジオ」**の音声配信もスタート。

さらに二〇二三年の秋からはVoicyプレミアムリスナー向けコンテンツの「朝活ラジオ」も始動し、平日の毎朝六時から生配信をしています。

プレミアム版については、「はるなと一緒に早起きしよう」という朝活企画から始めたもので、じつは当初、三カ月程度の期間限定にする予定でした。

私自身、朝活を始めようと思った時に、**「せっかく早起きするのだったら、生配信してみたらおもしろいのでは？」**と軽い気持ちで配信を始めたところ、予想以上に多くのリスナーの皆さんが参加してくれたのです。

「毎朝の生配信」に価値を感じてくれる方がこんなにいらっしゃるのかと驚きながらも、

リスナーの皆さんと一緒に朝の時間を楽しめることに喜びを感じて、結局、その後もずっと続いています。

おかげで、私の早起きや朝活はすっかり習慣化されました。

YouTubeとVoicyを続けてきて実感するのは、**アウトプットの場があることで、日常のあらゆるインプットの質が格段に上がる**ということ。

「発信するならどう伝えよう?」という視点を持つことで、本を読む、人と会話をする、買い物をするといった何気ない日々の出来事すべてに対して、**より深く、正しく理解しようと意識するように**なりました。

発信するために言語化する過程は、**思考を整理する貴重な時間**でもあります。

だからこそ、YouTubeやVoicyは、私にとって成長を促してくれる欠かせない存在になっています。

POSITIVE POINT

「話す力」を活かすなら、YouTubeやVoicyでの発信が最適
発信するために言語化する過程は、思考の整理に役立つ!

40 発信テーマは「学び」から「共感」へ！

YouTubeやVoicyで発信するテーマは、**「見る人のニーズを満たし、ポジティブなエネルギーを届けること」**という軸に沿って、毎回悩みながら決めています。

仕事やプライベート、趣味であるフェスやキャンプ、さらにはマインドセットに関する考え方など、多岐にわたる内容を発信しています。

今でこそ、Ｖｌｏｇなどでプライベートなライフスタイルなども見せていて、私個人の思いや生き方に共感してくださるファンの方々も増えました。でも、YouTube配信を始めた当初は、「中山晴菜」に興味を持ってくれる人は、誰もいませんでした。

私という「人」ではなく、何か具体的に**「課題を解決したい」「学びたい」という気持ちから見に来てくれる**。最初はガジェットの紹介を中心に配信していたのも、当時の**視聴者のニーズに合わせて**のことでした。

試行錯誤しながらいろいろな動画を上げていた中で、最初にバズったのが「Ｚｏｏｍ

の使い方」を解説した回。リモートワークに関する情報が求められていることがわかり、関連情報の発信をくり返していたところ、登録者数が一気に伸びたという経緯があります。

この**「課題を解決したい」という気持ちにアプローチする方針**は、基本的には今でも変わっていません。

ただ、「私」個人のファンが増えていくにつれて、**「共感」重視のコンテンツ**も増やしていきました。

その結果徐々に、本来私が思いを届けたかった同世代の女性ファンが増えてきて、Ｖｌｏｇなども楽しんでもらえるようになってきたのです。

ＳＮＳでは、有名人でもない限り、何者でもない一般人が最初から「共感」を呼ぼうとして登録者数を伸ばすのは難しいのではないかと思っています。

まずは「学び」や「知識」に関するコンテンツを充実させること。

ファンが増えてきたら、徐々に「共感」を呼ぶコンテンツを増やしていく。

私の場合、この順序で発信内容を展開してきたことで、登録者数やフォロワー数の伸びにつながったように思います。

これからSNS配信を始めたいと考えている方がいらっしゃったら、参考になれば幸いです。

また、発信するスタンスとして意識しているのは、**無理しない、背伸びしない「等身大の発信」**です。先生のように知識を教えるスタイルではなく、「少しだけ先を歩く仲間」として、等身大の姿を心がけること。**自分を完璧に見せるのではなく、リアルな自分の姿をそのまま伝えることを大切にしています。**

早朝六時からのVoicyの生配信で、**「今朝は眠いです」や「疲れています」など、正直な気持ちをそのまま発信**することも。

「この人も自分と同じように悩んだり、うまくいかなったりすることがあるんだ」と感じてもらうことが、自然な共感につながるのかもしれません。

出張続きでオーバーワークになりそうな朝や、体調不良などの理由で配信をお休みする日もありますし、**私自身が負担に感じないように、楽しんで取り組むこと**をマイルールにしています。それが、長く続けていくための一番の秘訣ではないかと思っています。

POSITIVE POINT

SNSでファンを増やすには、まずは「学び」や「知識」系のコンテンツから始める
発信は無理しない、背伸びしない。「少し先を歩く仲間」として届ける

41

SNS上のネガティブな意見と、どう向き合う？

SNSでコメントをいただくことはとても励みになり、**「応援してくれる人にとって役立つ内容を届けよう！」「これからも配信を頑張ろう！」**というモチベーションにつながっています。

その一方で、長く発信を続けていると、避けて通れないのが、**コメント欄でのネガティブな反応**。対策が気になるという方もいるかもしれません。

私自身もどう対応するべきかを考えながら発信を続けてきたので、現時点での私の対処法をお伝えしたいと思います。

まず、**単なる誹謗中傷やバッシングについては、基本的に「無視する」**姿勢を貫いています。相手にしないことが一番です。

YouTubeなら「このチャンネルに表示しない」という機能を活用。

これによって、**コメント欄での不要な論争（炎上）を防ぐことができます。**

せっかく応援してくれるファンの方々が不快な思いをしないようにという気持ちもあり、こまめに管理するように心がけています。

ただ、**批判コメントをすべて否定するわけではありません**。

「このシーンはそう受け取られる可能性があるんだ」という気付きにつながることもあり、参考にできる部分は改善に役立てています。

とはいえ、**「たった一人のネガティブな意見に引っ張られない」**ことも大切だと思っています。批判に振り回されるあまり、必要以上に落ち込んだり、本来伝えたいことを発信できなくなったりするのは本末転倒です。

最優先に考えたいのは、**本当に伝えたい人に向けて発信すること**です。

「すべての人に好かれる必要はない」という考え方を、自分の胸に刻んでいます。

もちろん、**これから配信するものが、誤解を生む表現や、誰かを傷つける発言になっていないかどうか**には気を付けていて、配信前のチェックは慎重にしています。

とくにYouTubeで配信する動画は、私一人ではなく、必ず二、三人でチェックするようにしています。

その際、決めているルールは**「チェックした人の、誰か一人でも気になったら変更する」**こと。

問題が浮上した部分を削除したり、モザイクやテロップの追加などの修正を加えたり、視聴者の誤解を招かないように工夫を取り入れています。

発信を続ける上で、**「自分が本当にやりたいこと」「楽しいと思えること」を大切にしながら、必要としてくれる人にしっかり届けること**が何より重要だと考えています。

そのためにも、誠実な発信を心がけていきたいと思っています。

POSITIVE POINT

コメント欄は徹底管理して、応援してくれる人を最優先する

たった一人の批判に振り回されない姿勢を貫く

42 SNSで新しい情報を効率よくインプット！

YouTube や Voicy、Instagram、ＬＩＮＥなどのＳＮＳは、使い方次第でとても役立つツールです。私にとっては、配信者としてだけでなく、ユーザーとしても普段の生活に欠かせません。

Voicy の配信を始めたのは二〇二一年ですが、それ以前の二〇一九年頃から、毎朝のルーティンとして聞き続けています。

当時、自分に合った知識のインプット方法を模索している中で、**「ながら聞き」**ができる音声配信サービスとして Voicy の存在を知りました。

私の場合、文字を読んで情報を得るよりも、耳からの音声情報のほうが頭に入りやすいようです。インターネットのニュースサイトなどでは、見出しだけ読んで、残りは流し見してしまうことが多く、中身があまり頭に入ってこないこともあります。

一方で、音声の場合は最初から最後までまんべんなく耳に届き、情報をインプットしやすいことに気付きました。

それ以来、朝の着替えやメイク、運動、掃除の時間などに、Voicyを**「ながら聞き」するようになり**、効率的なインプット手段として活用しています。

毎朝聞いているのは、「Voicy公式ITビジネスニュース」などの**ニュース系配信**が中心です。

また、その日の気分に合わせて、著名人の価値観や考え方が学べる配信や、営業・マーケティングの知識を深めるためのコンテンツを聞くこともあります。

聞くだけで終わらせず、勉強になったことやシェアしたいと思った内容は、Voicy上にある**シェア用のアイコンからLINEに飛んで、あらかじめ作成している自分専用のグループに感想などのメモとともに保存**しています（※その後追加されたLINEの「Keep」という機能も同様に使えます）。

ワンアクションで記録できる場所にお役立ちリンクをストックしておくと、あとから振り返りやすいのが魅力です。

YouTubeは最近、主に配信用として活用しており、BGMとして流すことはあっても視聴する機会は以前より減りました。一方、Instagramは完全にプライベートで楽しんでいます。

とくにInstagramの美容系アカウントをチェックするのが好きで、気になるアイテムは楽天ROOMを通じて購入することも。

また、私自身も、YouTubeとInstagramは楽天ROOMに連携させて、Vlogで紹介したアイテムのリンクをスムーズに見てもらえるように工夫しています。

配信者としてもユーザーとしても、日常生活でSNSをフル活用することで、新しい情報を効率よくインプットし、自分の発信にも活かすことができています。

POSITIVE POINT

Voicyを活用した「ながら聞き」で朝時間が充実する
SNSのシェア機能を活用して学びや情報は即ストック！

43

SNS発信でポジティブマインドを広げたい

SNSを通じて増えた**ファンの方々とのつながりも、私にとって大きな財産**になっています。

リアルな交流も楽しんでいて、毎朝Voicyの配信を続けている中で、やりとりするようになったファンの方と初めての**オフ会**を開催したのが、二〇二三年の十一月。それ以来、リクエストをいただいた国内の各地や、台湾など海外でもオフ会を開く機会がありました。リアルな場で会うと、共通の価値観や趣味を持つ人たちと話が弾み、とても楽しい時間を過ごせます。また、「ファスティング」のように、私自身が新たな知識を教えてもらうことも少なくありません。

SNSがあったからこそ、広がった世界がたくさんあります。

今の時代、**フォロワー数が社会的な信頼につながる面もあり**、この本の執筆をはじめ、さまざまな仕事につながることも増えてきました。

一個人として始めたSNSが、ここまで大きく広がるとは思っていなかったので、じつは一番驚いているのは私自身かもしれません。

誰かを応援したいと思って発信し続けてきたSNSの存在が、結果的に私の可能性を広げてくれているという、まさにポジティブなサイクルを生み出す源になっています。

私にとってSNSは、趣味と仕事の間にある「ライフワーク」のようなもの。ポジティブな発信を通じて、自分自身の「ハッピーサイクル」を生み出すために、欠かせない存在になっています。

だからこそ、**私を応援してくれている人をこれからも大事にしていきたい**。そう強く思っています。

発信を「習慣」として継続的に届けることも大切だと考えています。試行錯誤をくり返しながら、その時々でベストな発信頻度を模索してきました。

YouTubeを毎週日曜の二十一時に更新しているのは、**週明けの月曜日が憂鬱な社会人を少しでも応援できたら**という思いから。

また、Voicyを平日毎朝六時に配信しているのは、もともと自分の朝活のために始めたものですが、リスナーさんにも**「朝のルーティン」として役立ててもらえたら嬉しい**という願いがあるからです。

「頑張る気力が湧いてきた」「週明けがちょっと楽しみになった」「この配信があるから朝起きられる」――そんな声をいただけることが、何より私自身の励みになっています。

子どもの頃に比べて、大人になると、人から応援されたり励まされたりという機会は自然と減っていくものです。**頑張っている大人を応援するために、ポジティブなエネルギーをもっともっと広げていきたい**。

そんな思いを大切にしながら、これからも日々の発信を続けていきたいと考えています。

POSITIVE POINT

ファンとのリアルな交流が楽しい！　新しい気付きが広がる場にも！
ＳＮＳ発信を楽しく続けることが、人生の「ハッピーサイクル」をつくる

仕事と趣味を分けずに楽しみ尽くす！

SNS発信以外に、私のプライベートな趣味の話も少しさせてください。

平日はフルタイムの会社役員として働き、週末はキャンプや音楽フェスに参加したり、まとまった休暇には海外旅行にも出かけたりと、やりたいことはとことん楽しみ尽くそうというスタンスで生きています。

そんな私を見て、「多趣味ですね！」とか、「仕事が忙しいのに、よく趣味を楽しむ余裕がありますね」などと言われることも。

もしそう見えるとしたら、私が**「趣味のために生きる」**と決めて行動しているからかもしれません。**やりたいことをやって生きるのが幸せな人生**だと考えている私にとって、**趣味は人生の目的そのもの**です。

趣味を通じて新しい体験をしたり、新しい人と出会ったりすることは、生活や人間性を豊かにし、結果的に仕事にもよい刺激を与えてくれます。

こうした好循環が、**「ハッピーサイクル」**につながっていくのだと信じています。

だからこそ、私は**仕事も趣味の一つ**と捉えています。

仕事と趣味を分けて考えていません。

もちろん、仕事は時に責任や苦しさを伴うものですが、それらに向き合うことで得られる成長や達成感を味わう時間は、人生の楽しみの一部でもあります。

CHAPTER 3でお話ししたような**オフタイムの充電時間**は、仕事をやり抜くためだけでなく、複数の趣味を全力で楽しみ尽くすためにも、大切なことです。

もし、「趣味の時間がとれない」と感じているなら、一度、**時間の使い方**を見直してみましょう。

例えば、寝なきゃいけないとわかっていながら、夜ふかししている時間。

それは、**「今、一番時間を使いたいことか？」「心の底から楽しんでいるか？」**。

改めて自分に問い直してみると、新しい時間の使い方が見えてくるかもしれません。

たしかに、忙しいと仕事を優先しがちなこともありますが、私はできるだけ**趣味の時間を確保するために、趣味の予定もあらかじめスケジュールに組み込むようにしています**。

そして、決めた趣味の予定に向けて、**体調を整えたりエネルギーを蓄えたりと、仕事と**

同じように心身の準備をします。

私は年始に立てる年間目標の中に「趣味」の項目を設けており、P171～P173でご紹介したように、「今年やりたいこと」を複数リストアップしています。さらに、それらを月ごとの目標に落とし込み、**「○月に△△を始める」と具体的な時期を決める**ことで、実行に移しやすくしています。

「ゴール」を設定するのではなく、「いつから始めるか」という**「スタート」を決める**ことが、行動をあと押しするポイントだと考えています。

ただ、それ以前に、**「趣味が見つからない」「何が好きなのかわからない」**という人も多いかもしれませんね。実際、周囲の人からそんな悩みを聞くこともあります。

そういう人はまず、**時間を忘れて夢中になった経験がないか、「過去」を振り返ってみてください**。子どもの頃に食事や宿題を忘れて夢中になってやっていたこと、例えばゲームやスポーツ、絵を描くことなどでもいいと思います。

そこに、**大人になって趣味としてやってみたいことのヒント**がないでしょうか？

また、未来に思いをめぐらせるのが好きなタイプの人は、過去よりも未来に向かって、想像を広げてみるほうが楽しいかもしれません。**何かに取り組んでいる「未来」の自分を**

想像してみて、心がわくわくすることはありませんか？

そこから、**夢中になれそうな趣味のテーマ**が見つかるかもしれません。

ちなみに私は、高校時代に部活のブラスバンドに夢中になったり、大学時代や社会人になってからはライブや野外フェスにハマったりなど、昔から**音楽にパワーをもらう経験**をしてきました。

その影響で音楽が大好きになり、Ｐ１７２で述べたように、今年はウクレレやＤＪにもぜひチャレンジしてみたいと考えています。実際にＤＪをやっている友人とやりとりしたり、ウクレレについて調べ始めたりと、早速行動を起こしているところです。

皆さんも、「過去」や「未来」に思いを馳せながら、**「夢中になれることは何か？」「寝る間を惜しむほどやりたいものはないか？」**と自分に問いかけて、趣味のテーマを探してみてください。

POSITIVE POINT

「趣味」と「仕事」を分けずにスケジュールに入れる

趣味が見つからない人は、「過去」と「未来」からヒントを探そう

音楽フェスは私のパワースポット

休日の趣味の一つが、野外で行われる音楽フェス。なかでもとりわけ大好きなのが**「フジロックフェスティバル（通称：フジロック）」**です。

フジロックは、新潟県湯沢町の苗場スキー場で、毎年夏に開催されている国内最大級の音楽フェスです。広さや自然の豊かさ、出演アーティスト、すべての要素において最高レベルのフェスだと思っています。

学生時代にバンドを組んでいたことがあり、当時のバンド仲間と社会人になってから参加したのが最初で、以来、東京から大阪に引っ越してからも、コロナ禍の時期を除いてほぼ毎年のように参加しています。

フジロックでは、毎回アーティストの「本気」を感じる熱いステージが見られるのですが、なかでも「グリーンステージ」と呼ばれるメインステージは、日本最高峰のステージの一つでもあります。

そこに立つことを目標にしてきたアーティストたちが、普段のライブ以上に気持ちを込めた渾身のパフォーマンスをする姿を見ると、胸が熱くなり、感動して涙する瞬間が何度もあります。

ライブや音楽そのものの楽しみも大きいのですが、私が音楽フェスを愛してやまない大きな理由の一つが、**フェス会場の特別な雰囲気から元気をもらえる**こと。

国内外から集まった音楽好きの参加者たちに、それぞれ好きなアーティストがいて、好きな楽しみ方で自由に過ごしている。ステージの前でノリノリに踊っている人、後ろのほうで食事や会話を楽しみながら過ごしている人、会場から少し離れた木陰やキャンプサイトで、漏れてくる音楽を聞きながらまったりと過ごす人。

いろいろな「好き」が集まって、思い思いのスタイルで楽しんでいる場の雰囲気がたまらなく心地よいのです。

また、街中で開催されるライブやクラブイベントと違って、**音楽フェスが自然の中で開催されるイベントである点も大きなポイント**です。

普段は静かな山や水辺などの大自然に囲まれたスポットに多くの人が大集結して、それそれが楽しく過ごす時間は、フェスでしか味わえない貴重なひと時。大自然に囲まれて、風や光を感じながら音楽を聞けることは、とても**贅沢な体験**だと感じます。

自然の心地よさと、クオリティの高い音楽、そこに集まる人々の楽しそうな雰囲気が合わさることで、特別な場が生まれるのだと思います。

その融合が何とも言えず魅力的で、私にとっては、音楽と自然のエネルギーに包まれながら、全力で楽しみ、たくさんのパワーをもらえる、まさに**「パワースポット」のような場所**になっていると思います。

また、フェスのように参加者それぞれが「自分なりの楽しみ方」を見つけて、**みんなが楽しそうにしている光景が、自分のエネルギーになる**ことにも気付きました。

みんなが楽しそうな姿を見ると、私も元気をもらえる。

これが、普段の生活や仕事においても、**私にとってハッピーになれるポイントの一つ**なのだと感じています。

音楽と自然が生み出す「ハッピーサイクル」を味わえるフェスは、私にとって「生きる

活力」になる場所です。

同じように、誰にでも**「ここに行くと元気になれる」「気持ちがリセットされる」**と感じる場所があるはず。それは、美しい景色が広がる海や山かもしれないし、お気に入りのカフェや本屋さん、大好きなスポーツを楽しめる場所かもしれません。

そうした場所を意識的に訪れることで、心と体のエネルギーをチャージすることができます。

忙しい日々の中でも、**自分だけの「パワースポット」を持っていると、ポジティブな気持ちをキープしやすくなります。**

皆さんにとっての「パワースポット」はどんな場所でしょうか？

ぜひ、自分にとって特別な場所を見つけて、自分を満たす時間を大切にしてみてくださいね。

POSITIVE POINT

みんなが楽しそうにしている空間にはハッピーエネルギーが満ちている
自分だけのパワースポットがあると元気になれる！

46 「ソロキャン」で味わう特別な体験と一人時間

大好きなフェスに参加している間は、野外にテントを張って三日間ほどのキャンプ生活をすることがほとんどで、夏場ですがクーラーなし、ベッドなし、簡易トイレというのが基本的な過ごし方。

だからこそ、日常に戻った時に、クーラーの涼しさやふかふかのベッド、きれいなトイレ、自由に飲める冷たい水といった環境が、とても心地よく感じられます。**普段は当たり前に思っていることが、どれほど恵まれたものか**を再認識できる瞬間です。

フェスとは別に、ソロキャンプも趣味の一つとして休日に楽しんでいますが、やはり帰宅した時に、温かいお風呂に浸かれる幸せや、清潔な部屋の快適さをしみじみとありがたく感じます。

キャンプとフェスの共通点でもあります。**不便な環境に身を置くことで、日常の快適さに改めて気付くことができる**という点はそして、キャンプもフェスと同様に、**自然を存分に感じられることが大きな魅力**です。風の心地よさや季節の移り変わりを肌で感じながら過ごす時間は、日常とは異なる特別な体験となります。

私が好きな言葉に**「足るを知る」**というものがあり、アウトドアで過ごすキャンプの時間は、その感覚を思い出させてくれます。

以前訪れた京都の龍安寺というお寺で、つくばいに刻まれている「吾唯足知（われただ たるを しる）」という言葉に出合いました。これは、**「手に入らないものを求めるのではなく、今あるものに感謝することで心の平穏が得られる」**という仏教の教えだそう。中国の思想家・老子の教えがもとになっていると言われています。

振り返ってみると、**私の「足るを知る」という感覚の原体験は、高校時代のブラスバンド部**にあるように思います。

コンクール上位入賞を目指す本気の部活で、毎日厳しい練習に全力を注いでいましたが、そんな中でも感じられる小さな幸せがありました。のどが渇ききったあとに水道の蛇口から飲む水のおいしさ、練習中に吹くわずかな風の心地よさ、汗を流したあとに食べるシンプルな野菜のおいしさ——。

どれもささやかですが、格別な満足感を味わえる瞬間でした。

私たちは、つい欲張って「もっと、もっと」と求めてしまいがちですが、今あるものに目を向けて、それが「ちょうどよい」と思えたら、日々はもっと豊かになるのかもしれません。

キャンプを通して、今あるものに感謝し、小さな幸せを見つけることを大切にして、**「足るを知る」**の精神で生きていきたいと思うようになりました。

また、なぜグループではなく、一人で「ソロキャン」を楽しむかというと、理由は**「自分のペースで自由に過ごせる一人時間が欲しい」**から。

以前の私は、常に誰かと一緒に過ごすことが当たり前で、一人で何かをする機会がほとんどありませんでしたが、**最近はあえて一人で楽しむ時間を持つようにしています**。

ただ、自分以外のキャンパーが誰もいない、いわゆる「完ソロ」状態でのキャンプは苦手。まわりにキャンパーがいる環境での「ソロキャン」に限ります。

やはり、まわりに自分と同じようにキャンプを楽しんでいる人がいる環境だと、安心感もあり、**何よりも「それぞれが楽しんでいる」という気配を感じられるので、より楽しく過ごせるのです**。この感覚も、フェスと似ているかもしれません。

例えばサウナでも、一人きりで個室にこもるよりも、同じ空間でリラックスして楽しんでいる人たちと一緒にいることで、**場を共有している一体感**を感じられるほうが好きです。一人飲みにも行きますが、それはただお酒を飲むためではなく、同じように一人で飲みに来ている人と**自然に会話が生まれることが楽しい**からです。

一人で過ごす自由さを楽しみつつも、**「楽しんでいる人」同士で適度な交流があることで、より心地よい時間**が生まれるのかもしれません。

POSITIVE POINT

今あるものに感謝し、小さな幸せを見つけることを大切にする
「一人時間を楽しんでいる人」同士の交流が心地よい！

47 好きなアーティストのライブは元気の源！

私はもともとポジティブな性格ですが、落ち込むことがないわけではありません。元気がない時や気分が沈んだ時の復活方法として最強なのが、**好きなアーティストのライブ**です。

ライブの魅力は、CDや配信では味わえない**「その日、その場所でしか生まれないエネルギー」**にあります。

どの公演も同じステージ内容ではあるものの、その場にいる人たちの熱量や空気感が毎回違う。そんな一期一会の瞬間に立ち会えるのが、ライブならではの魅力だと思っています。

アーティストが全身全霊で音楽を表現している姿、楽しそうにパフォーマンスする姿を見ると、**「こんなに楽しそうに本気を出している人がいるのだから、私も頑張ろう！」**とパワーをもらえます。

もちろん、生のライブという意味では音楽フェスも同じですが、好きなアーティストだけを目指して出かけて行き、その世界観にどっぷりと浸れるのがライブの魅力で、どちらも幸せな時間です。

ライブでは、アーティストの素の人柄が垣間見えるMCの時間も大好きです。真剣に歌っている姿からは想像もつかないようなユーモラスな一面が見えたり、曲に込めた思いを語る場面に触れたりすると、音楽そのものへの理解も深まります。

テレビやネット情報だけでは知り得ない、アーティストの人間味に触れられることも、ライブに足を運ぶ大きな理由の一つです。

なかでも私が一番好きなアーティストは、元「JUDY AND MARY」のボーカル・YUKIさん。彼女のライブは特別で、これまでに何度も参加しています。

パワフルなステージからは、音楽を心から楽しんでいる様子がダイレクトに伝わってきて、YUKIさんの姿を見るだけでエネルギーが湧いてくるのです。

全力で飛び跳ねながらパフォーマンスする姿は圧巻で、そのエネルギッシュなステージには毎回感激してしまいます。

私にとって一番のハッピーな時間は、**その場にいる人たちと、楽しい瞬間を共有すること**です。ライブやフェスで音楽を楽しむ人たちの姿を見るのもそうですし、仕事でも、**人の笑顔のために自分が役に立っていると実感できる瞬間**があると、とても幸せを感じます。根本にあるのは、**「ポジティブなエネルギーを持つ人と一緒にいると、自分も元気になれる」という感覚**。だからこそ、私はライブやフェスに足を運び、元気をチャージしているのかもしれません。

皆さんにとって、ポジティブなエネルギーが生まれるのはどんな瞬間でしょうか？一人一人違う個性に合わせて、それぞれの「ハッピーな時間」を見つけ、その瞬間を大切に重ねていってくださいね。

POSITIVE POINT

「ハッピーサイクル」をみんなと共有できると元気になれる元気をチャージできる「ハッピーな時間」を見つけよう

大丈夫だよ。
上手くいってもいかなくても
素晴らしいあなたは変わらない。
はるな

参考文献

- 『さあ、才能(じぶん)に目覚めよう 新版 ストレングス・ファインダー2.0』トム・ラス 著、古屋 博子 訳(2017年、日本経済新聞出版)
- 『失敗図鑑 すごい人ほどダメだった!』大野 正人(2018年、文響社)
- 『手紙屋~僕の就職活動を変えた十通の手紙~』喜多川 泰(2007年、ディスカヴァー・トゥエンティワン)
- 『人を動かす 改訂新装版』D・カーネギー 著、山口 博 訳(2023年、創元社)
- 『ぼくたちは習慣で、できている。』佐々木 典士(2018年、ワニブックス)
- 『一週間であなたの肌は変わります 大人の美肌学習帳』石井 美保(2020年、講談社)
- 『マンガ サ道~マンガで読むサウナ道~(1)』タナカ カツキ(2016年、講談社)

本書に掲載している情報は執筆時(2025年2月時点)のもので、変更になる場合があります。

おわりに

最後まで読んでいただき、本当にありがとうございます。

この本を通して、毎日をご機嫌に過ごすためのヒントをお届けしてきました。皆さんが「これならやってみようかな」と思えるポジティブ習慣は見つかりましたか?

大切なのは、完璧にこなすことではなく、自分のペースで少しずつ取り入れていくこと。たとえ毎日できなくても、それでOK。どんな小さな変化でも、それはたしかに前へ進んでいる証です。

じつは、私は書籍出版なんて夢のまた夢、と思っていました。

文章を書くことや、自分の思いを文字に残すことに強い苦手意識があったからです。「書籍を出版できたら素敵だけど、自分には向いていないし無理だろう」そんな思いが先行していたのです。今振り返ると、それは自分の弱点にばかり目を向け、自分の可能性を潰してしまいかねない考え方です。恐ろしい。

「文章を書くことは苦手だけど、話すことは好き」そう思い、二〇二〇年にYouTubeやVoicyを始めました。よく「継続のコツ」を聞かれますが、自分が得意で好きな方法を選んだからこそ、無理なく続けられたのだと思います。

そして、日々コツコツと考え、発信してきた内容があったからこそ、こうして一冊の本として形にすることができました。

私自身、この本を書きながら改めて実感したことがあります。それは、「小さな一歩の積み重ねが、自分の人生に大きな変化を生む」ということ。

だからこそ、焦らず、息切れしないように、自分のペースで続けていくことが大切なのだと思います。

この本を読みながら、少しでも「自分を大切にしよう」「無理しなくても大丈夫」と思えたなら、それだけで十分。そして何より、ここまで読んでくれた皆さんが、すでに素敵な一歩を踏み出しています。

これからの日々も、自分らしいご機嫌な毎日を過ごせますように。

最後に、本書の制作に関わってくださった皆さまに、この場を借りて心より感謝申し上げます。私の思いを丁寧に整理し、いつも温かく支えてくださったKADOKAWA編集部の井上さんと、友成さん。素敵なイラストを描いてくださった高橋由季さん。どんな時も一番近くで相談に乗りサポートしてくれた大好きな妹。そして、この本をお手に取ってくださった皆さんへ。

本当に、ありがとうございました。

またどこかでお会いできる日を楽しみにしています！

毎日《まいにち》ご機嫌《きげん》な「わたし」をつくる
47のポジティブ習慣《しゅうかん》
2025年5月7日　初版発行

著　者　中山晴菜《なかやまはるな》
発行者　山下直久
発　行　株式会社KADOKAWA
〒102-8177 東京都千代田区富士見2-13-3
電話 0570-002-301（ナビダイヤル）
印刷所　TOPPANクロレ株式会社
製本所　TOPPANクロレ株式会社

●お問い合わせ
https://www.kadokawa.co.jp/（「お問い合わせ」へお進みください）
※内容によっては、お答えできない場合があります。
※サポートは日本国内のみとさせていただきます。
※Japanese text only
定価はカバーに表示してあります。

ISBN 978-4-04-607255-9　C0095